SOBRE EDUCAÇÃO
E JUVENTUDE

Obras de Zygmunt Bauman:

- 44 cartas do mundo líquido moderno
- Amor líquido
- Aprendendo a pensar com a sociologia
- A arte da vida
- Babel
- Bauman sobre Bauman
- Capitalismo parasitário
- Cegueira moral
- Comunidade
- Confiança e medo na cidade
- A cultura no mundo líquido moderno
- Danos colaterais
- O elogio da literatura
- Em busca da política
- Ensaios sobre o conceito de cultura
- Estado de crise
- Estranhos à nossa porta
- A ética é possível num mundo de consumidores?
- Europa
- Globalização: as consequências humanas
- Identidade
- A individualidade numa época de incertezas
- Isto não é um diário
- Legisladores e intérpretes
- Mal líquido
- O mal-estar da pós-modernidade
- Medo líquido
- Modernidade e ambivalência
- Modernidade e Holocausto
- Modernidade líquida
- Nascidos em tempos líquidos
- Para que serve a sociologia?
- O retorno do pêndulo
- Retrotopia
- A riqueza de poucos beneficia todos nós?
- Sobre educação e juventude
- A sociedade individualizada
- Tempos líquidos
- Vida a crédito
- Vida em fragmentos
- Vida líquida
- Vida para consumo
- Vidas desperdiçadas
- Vigilância líquida

Zygmunt Bauman

SOBRE EDUCAÇÃO E JUVENTUDE

Conversas com Riccardo Mazzeo

Tradução:
Carlos Alberto Medeiros

6ª reimpressão

ZAHAR

Copyright © 2012 by Zygmunt Bauman e Riccardo Mazzeo

Tradução autorizada da primeira edição inglesa, publicada em 2012 por Polity Press, de Cambridge, Inglaterra

Grafia atualizada segundo o Acordo Ortográfico da Língua Portuguesa de 1990, que entrou em vigor no Brasil em 2009.

Título original
On Education: Conversations with Riccardo Mazzeo

Capa
Sérgio Campante

Fotos da capa
© Shaun Lowe/iStockphoto

Preparação
Angela Ramalho Vianna

Revisão
Vania Santiago,
Eduardo Monteiro

---

cip-Brasil. Catalogação na fonte
Sindicato Nacional dos Editores de Livros, rj

B341s   Bauman, Zygmunt, 1925-2017
       Sobre educação e juventude: conversas com Riccardo Mazzeo / Zygmunt Bauman; tradução Carlos Alberto Medeiros. – 1ª ed. – Rio de Janeiro: Zahar, 2013.

       Tradução de: On Education: Conversations with Riccardo Mazzeo.
       ISBN 978-85-378-1032-3

       1. Jovens – Educação. 2. Sociologia educacional. 3. Juventude – Aspectos sociais. I. Título.

12-9274   CDD: 305.23
       CDU: 316.346.32-053.9

[2020]
Todos os direitos desta edição reservados à
EDITORA SCHWARCZ S.A.
Praça Floriano, 19, sala 3001 – Cinelândia
20031-050 – Rio de Janeiro – rj
Telefone: (21) 3993-7510
www.companhiadasletras.com.br
www.blogdacompanhia.com.br
facebook.com/editorazahar
instagram.com/editorazahar
twitter.com/editorazahar

· **Sumário** ·

1. Entre mixofilia e mixofobia — 7
2. José Saramago: formas de ser feliz — 12
3. Gregory Bateson e seu terceiro nível de educação — 15
4. Da oclusão mental à "revolução permanente" — 18
5. Carvalhos e bolotas ridiculamente minúsculas — 26
6. Em busca de uma genuína "revolução cultural" — 29
7. A depravação é a estratégia mais inteligente para a privação — 32
8. Minutos para destruir, anos para construir — 39
9. O jovem como lata de lixo da indústria de consumo — 51
10. O esforço para melhorar a compreensão mútua é uma fonte prolífica de criatividade humana — 57
11. Os desempregados sempre podem jogar na loteria, não podem? — 61
12. Incapacidade, anormalidade e minoria como problema político — 69
13. A indignação e os grupamentos políticos ao estilo enxame — 75
14. Consumidores excluídos e intermináveis campos minados — 80
15. Richard Sennett sobre diferença — 92

16. Do "capitalista" de Lacan ao "consumista" de Bauman *102*

17. Zizek e Morin sobre o monoteísmo *110*

18. A *petite madeleine* de Proust e o consumismo *114*

19. Sobre combustíveis, faíscas e fogueiras *117*

20. Sobre a maturidade da glocalização *122*

Notas *129*

· 1 ·

Entre mixofilia e mixofobia

Riccardo Mazzeo: Gostaria de abrir esta série de diálogos recordando o dia, quase dois anos atrás, em que você concordou pela primeira vez em conversar comigo sobre educação. Foi um presente que resolveu oferecer às 4 mil pessoas que se reuniriam em Rimini para participar de nosso congresso, "A qualidade da inclusão escolar", realizado em novembro de 2009. Você não podia vir para o congresso porque sua prioridade absoluta era ficar perto de sua esposa, Janina, que estava gravemente enferma. De qualquer modo, permitiu que eu e nosso cameraman lhe fizéssemos uma visita e registrássemos o precioso vídeo de sua palestra de vinte minutos.

Você falou da crise da educação contemporânea, uma crise muito peculiar porque, provavelmente pela primeira vez na história moderna, estamos percebendo que as diferenças entre os seres humanos e a falta de um modelo universal vieram para ficar. Conviver com estrangeiros, ser exposto ao outro, isso não é nada novo, mas no passado acreditava-se que os "estranhos" mais cedo ou mais tarde perderiam sua "diferença" e seriam assimilados, ao aceitarem os valores universais que eram de fato os *nossos* valores. Mas hoje isso mudou: as pessoas que se transferem para outro país não desejam mais se transformar em nativos, e estes, por sua vez, não pretendem assimilá-los.

Então, o que acontece numa cidade como Londres, onde há quase 180 diásporas falando línguas diferentes, com diversas culturas e tradições? Não se trata mais de ser tolerante, pois tolerância é a outra face da discriminação; o desafio está num nível mais elevado e significa criar um sentimento de solidariedade.

Há duas reações opostas a esse fenômeno nas cidades contemporâneas: a mixofobia, o típico medo de se envolver com estrangeiros, e a mixofilia, o prazer de estar num ambiente diferente e estimulante. As duas tendências conflitantes têm mais ou menos a mesma força: às vezes prevalece a primeira, às vezes a segunda. Não podemos dizer qual delas vai triunfar, mas, em nosso mundo globalizado, interconectado e interdependente, o que fazemos nas ruas, nas escolas primárias e secundárias, nos lugares públicos em que encontramos outras pessoas é extremamente importante não apenas para o futuro do lugar em que vivemos, mas para o futuro do mundo todo.

Como você sabe, por mais de 25 anos temos trabalhado para atingir a inclusão escolar, convencidos de que educar todas as crianças, incluindo aquelas com necessidades especiais, é o melhor treinamento que elas podem receber em matéria de mixofilia. Também pudemos assumir o desafio porque a Itália é o único país do mundo em que a inclusão total está em vigor há quase quarenta anos. Contudo, por um lado, a inclusão nunca foi plenamente implementada; por outro, alguns políticos italianos estão tentando desacreditar o ensino público, em que "professores comunistas transmitem a nossas crianças ideias diferentes dos valores que recebemos de nossos pais" (citando Berlusconi).

Em seu diálogo com Keith Tester, que resultou no livro *Bauman sobre Bauman* (2011), você citou uma frase de Santayana – "A cultura é uma faca pressionada contra o futuro" – e definiu a cultura como "uma revolução permanente". Você acha que a educação precisa alimentar-se não apenas de conhecimento, mas de pensamento crítico também?

Zygmunt Bauman: Eu não teria nada a tirar de suas palavras, Riccardo, muito menos a acrescentar. Concordo plenamente com você, que conversão e assimilação, aquela receita do início da modernidade para lidar com a presença de estranhos, não têm muita chance no presente contexto do mundo multicentrado e multicultural. A necessidade de desenvolver, aprender e praticar a arte de conviver com os estranhos e sua diferença em base *permanente* e *cotidiana* é inescapável também por outra razão: não importa o esforço que os governos façam para evitá-los, não é provável que os migrantes parem de bater às portas de um país, da mesma forma que é improvável que estas permaneçam fechadas.

"A Europa precisa de imigrantes": isso foi declarado com todas as letras por Massimo D'Alema, atual presidente da Fundação Europeia de Estudos Progressistas, ao *Le Monde* de 10 de maio de 2011 – numa disputa direta, segundo ele, com "os dois piromaníacos mais ativos da Europa", Berlusconi e Sarkozy. Os cálculos que sustentam o veredicto de D'Alema dificilmente poderiam ser mais simples: há hoje 333 milhões de europeus, mas com a atual taxa de natalidade (ainda em queda por toda a Europa), esse número vai encolher para 242 milhões nos próximos quarenta anos. Para preencher esse vazio, serão necessários pelo menos 30 milhões de forasteiros – ou a economia europeia entrará em colapso, e com ele nosso estimado padrão de vida. "Os imigrantes são um recurso, não um perigo", conclui D'Alema. E assim também o processo de *métissage* (hibridização) cultural que o influxo de recém-chegados tende a desencadear, isso é inevitável; a mistura de inspirações culturais é fonte de enriquecimento e motor da criatividade – tanto para a civilização europeia como para qualquer outra. Da mesma forma, há somente uma linha tênue a separar esse enriquecimento de uma perda da identidade cultural; para evitar que a coexistência entre autóctones (habitantes nativos) e alóctones (os que vieram de outros lugares) venha a solapar o patrimônio cultural, ela precisa basear-se nos princípios subjacentes ao "contrato social" europeu. A questão é que esse contrato, que não foi escrito nem assinado, precisa ser respeitado por *ambos* os lados!

Mas como se pode garantir esse respeito se o reconhecimento dos direitos sociais e civis dos "novos europeus" é oferecido de modo tão mesquinho e tão lento, e avança a ritmo tão vagaroso? Por exemplo, os imigrantes contribuem atualmente com 11% do Produto Nacional Bruto (PNB) italiano, mas não têm o direito de votar nas eleições. Além disso, ninguém pode dizer com certeza quantos recém-chegados sem documentos, nem ao menos falsificados, contribuem ativamente para o PNB e, assim, para o bem-estar de uma nação. "Como pode a União Europeia", pergunta D'Alema, de modo quase retórico, "permitir uma situação em que se negam direitos políticos, econômicos e sociais a uma parcela substantiva da população, sem minar nossos princípios democráticos?" Como deveres e direitos dos cidadãos vêm no mesmo pacote, uma vez mais, em princípio, será possível esperar seriamente que os recém-chegados abracem, respeitem, sustentem e defendam esses "princípios subjacentes ao contrato social europeu"? Nossos políticos ganham apoio eleitoral culpando os imigrantes, por sua relutância, genuína ou putativa, em "se integrar" aos padrões autóctones – enquanto fazem o possível, e prometem fazer mais ainda, para situar esses padrões além do alcance dos alóctones. Nesse processo, depreciam ou solapam os mesmos padrões que afirmam estar protegendo da invasão estrangeira.

A grande questão, um dilema que, provavelmente mais que qualquer outro, vai determinar o futuro da Europa, é qual das duas "verdades" irá finalmente (mas sem muitas delongas) triunfar: o papel de salva-vidas desempenhado pelos imigrantes numa Europa em rápido processo de envelhecimento, função que até agora poucos políticos ousaram enaltecer em seus estandartes, se é que algum chegou a fazê-lo; ou a ascensão, encorajada e instigada, de sentimentos xenofóbicos avidamente reciclados em votos? Os pronunciamentos oficiais e as estatísticas de intenção de votos insinuam uma tendência, enquanto os hábitos cotidianos e as mudanças "subterrâneas", lentas, mas inexoráveis, no ambiente e na lógica de vida das "pessoas comuns" parecem apontar em outra direção.

Após sua brilhante vitória nas eleições em Baden-Württemberg – deixando os sociais-democratas rastejando e, pela primeira vez na história da Bundesrepublik (República Federal), colocando um dos seus, Winfried Kretschmann, na chefia do governo provincial –, os verdes alemães, sobretudo Daniel Cohn-Bendit, estão começando a refletir sobre a possibilidade de que já em 2013 a chancelaria alemã em Berlim possa assumir a coloração deles. Quem será responsável por esse feito histórico em seu nome? Cohn-Bendit está quase certo: Cem Özdemir, com quem divide a liderança do partido, inteligente, lúcido, dinâmico, carismático, amplamente admirado e reverenciado, reeleito alguns meses atrás por 88% dos membros votantes do partido. Até seu 18º aniversário, Özdemir tinha passaporte turco; ele, um jovem já profundamente envolvido na política alemã e europeia, escolheu a cidadania germânica em função do aborrecimento a que tendiam se expor as pessoas de nacionalidade turca quando tentavam entrar na Grã-Bretanha ou cruzar a fronteira com a vizinha França. Pode-se imaginar: quem, na Europa de hoje, são os mensageiros avançados do futuro do continente? O mais ativo par de piromaníacos ou Daniel Cohn-Bendit? Não sendo um profeta e acreditando que a história é feita por pessoas, e que não existe até que a façam, não posso responder a essa pergunta. Mas ela terá de ser respondida, tanto em palavras quanto em atos, por todos nós que estamos vivos no presente. E será respondida por nossas escolhas.

Por mais de quarenta anos da minha vida em Leeds, vi pela janela crianças voltando para casa da escola secundária mais próxima. Crianças dificilmente andam sozinhas; preferem andar em grupos de amigos. Seu hábito não mudou. No entanto, o que vejo pela janela tem mudado com o passar dos anos. Quarenta anos atrás, quase todos os grupos eram "de uma cor só"; hoje, quase nenhum deles o é.

· 2 ·

José Saramago: formas de ser feliz

RICCARDO MAZZEO: Lendo o que você diz sobre a necessidade de que, para que o "contrato social" europeu seja realmente eficaz, *tanto* autóctones *quanto* alóctones o respeitem, e o que acrescenta no parágrafo seguinte, enfatizando as manobras dos políticos para sabotar a possibilidade de os imigrantes realmente atingirem os padrões necessários para se "integrar", recordei o que José Saramago disse a alguns amigos sobre a crise econômica, poucos dias antes de falecer. Ele afirmou que todos nós, governos e cidadãos, sabemos o que é necessário para sair da crise, mas se dispor a fazê-lo não é nada fácil. Não nos inclinamos a dar esse passo porque, para mudarmos nossa vida, teríamos de mudar nossa maneira de viver, e isso é algo que geralmente pedimos aos outros que façam, não a nós mesmos. Para Saramago, a prioridade absoluta é o ser humano, o outro que é o mesmo que eu e tem direito de dizer: "Eu."

Em seu último *Caderno*, datado de 17 de julho de 2009, José Saramago diz que cada um de nós tem algumas marcas da emigração em sua árvore familiar, seja o pai ou o pai do pai de alguém. Muitos portugueses se afogaram tentando atravessar a nado o rio Bidasoa, a fim de passar da Espanha para a França, lugar que imaginavam ser um paraíso. Os sobreviventes foram forçados a aceitar empregos subalternos, a suportar a humilhação, aprender línguas desconhecidas e sofrer o isolamento social, mas orgulhosamente construíram um futuro para seus descendentes. Algumas dessas pessoas não perderam nem quiseram perder a memória dos maus tempos, e devemos ser gratos aos que conseguiram manter o devido respeito ao seu passado. A maioria, por contraste, sente vergonha de ter sido pobre e ignorante, e comporta-se como se a vida decente tivesse começado para eles somente naquele dia deslumbrante em que finalmente puderam comprar seu primeiro carro. A pessoa que era explorada e que esqueceu isso vai explorar outras pessoas; a pessoa que era olhada com desprezo e faz de conta que esqueceu isso agora fará o mesmo; e eis aqui todos juntos, jogando pedras nos que chegam à margem do Bidasoa. "Em verdade, em verdade vos digo", conclui Saramago, "há certas maneiras de ser feliz que são simplesmente odiosas."

Tanto você quanto Saramago algumas vezes são acusados de pessimismo quanto ao futuro do mundo (porque as pessoas não percebem, suponho eu, que os dois apresentam as precondições para salvá-lo), mas vejo que Saramago, quando morreu, estava escrevendo a "Carta dos deveres humanos", e me parece que a composição de tal documento implica necessariamente a palavra "confiança". Falando de você, acho na última frase de sua primeira resposta um belo poema, cheio de confiança.

ZYGMUNT BAUMAN: Você me remete a aspectos tristes e sombrios de nosso modo de ser e estar no mundo; e, infelizmente, mais uma vez está certo: "Uma pessoa que era explorada e esqueceu isso vai explorar outras pessoas; a pessoa que era olhada com desprezo e faz de conta que esqueceu isso agora fará o mesmo." Não conheço, embora continue procurando, um caso de vitimização que tenha enobrecido suas vítimas em vez de despi-las de sua humanidade (Janina concluiu, a partir das lições cruéis que ela própria recebeu, que permanecer humano em condições desumanas é a mais difícil das proezas). A memória do sofrimento próprio, e mesmo o fenômeno atual de uma memória projetada, de segunda mão, de sofrimentos que não tenham sido vivenciados em primeira mão, não torna as pessoas mais generosas, gentis ou sensíveis às dores dos outros. Pelo contrário, estimula os descendentes das vítimas a serem cruéis com os descendentes dos responsáveis pela crueldade, e isso é usado como recibo de pagamento antecipado pela insensibilidade e como um cheque em branco pela desumanidade. Violência, desumanidade, humilhação e vitimização desencadeiam o que Gregory Bateson chamou de "cadeias cismogenéticas", verdadeiros nós górdios rigorosamente resistentes à ruptura ou ao corte, por mais afiada que seja a espada que se empunhe. Saramago concentrou-se em Portugal, o país caro a seu coração, mas a maré montante da xenofobia em Portugal não é uma exceção, é uma regra. Ao se transformarem em importadores de mão de obra, quase todos os países que antes a exportavam (como Irlanda, Itália, França, Suécia, Noruega, Dinamarca e Holanda) manifestam a mesma inclinação. Podemos observar, até agora impotentes, uma onda de sentimentos neotribais que se propaga de Copenhague a Roma e de Paris a Praga, amplificada e alimentada pelos alarmes e temores que se aprofundam em relação ao "inimigo à porta" e à "quinta-coluna", resultando numa mentalidade de "fortaleza sitiada" que se expressa na crescente popularidade de fronteiras seguramente fechadas e portas firmemente trancadas.

· 3 ·

Gregory Bateson e seu terceiro nível de educação

RICCARDO MAZZEO: Obrigado por mencionar as "cadeias cismogenéticas" de Gregory Bateson, admiravelmente explicadas em seu livro de 2008, *A ética é possível num mundo de consumidores?*. Eu ficara impressionado com *Steps to an Ecology of Mind*, de Bateson, que serviu de base para outro livro, *Metaphor Therapy: Using Client-Generated Metaphors in Psychotherapy*, de Richard Kopp, que organizei e traduzi para o italiano em 1998, considerando-o muito útil em minha atividade como integrante de um conselho de escola. O princípio da metáfora como "estrutura conectiva" é nitidamente evidenciado pelas maravilhosas metáforas contidas em seu trabalho, e a influência da vida de Bateson sobre a teoria por ele elaborada também me faz pensar em você. Sua própria experiência dramática, em 1968, o trouxe a uma segunda vida em Leeds; e o induziu, trinta anos depois, em Praga, por ocasião da outorga do título de doutor honoris causa, a aceitar o conselho de Janina, de não escolher nem o hino nacional britânico, "porque na Grã-Bretanha, de certa forma, você continua a ser estrangeiro", nem o polonês, "porque a Polônia o privou da cidadania polonesa"; mas optar, em vez disso, pelo hino da União Europeia: "Alle Menschen werden Brüder" ("Todos os homens são irmãos"). Você mencionou esse episódio de sua vida a Benedetto Vecchi, em *Identidade*, e dedicou o último capítulo de *Modernidade líquida* à condição difícil, mas proveitosa, de ser desarraigado e forçado a enfrentar um novo mundo. Como disse Sartre, não somos o que os outros fazem de nós, somos o que fazemos com aquilo que os outros fazem de nós.

Gregory Bateson teve um pai inábil, William Bateson, que também ficou famoso como pai da genética. O irmão mais velho de Gregory morreu na Primeira Guerra Mundial, quando este era um garotinho, e isso é algo que pode acontecer. Mas seu outro irmão, Martin, cometeu suicídio no dia do aniversário do irmão mais velho e quando Gregory tinha 18 anos, de modo que as expectativas de o pai ter um filho que o reencarnasse como gênio caíram inteiramente sobre o único que restou, Gregory.

A ambivalência de Gregory Bateson entre tentar diferençar-se do pai e a impossibilidade de abandonar seu genuíno interesse por biologia deve ter estimulado sua posterior descoberta do "duplo vínculo", abordagem que mudou a psiquiatria; seu conflito psíquico interno ajudou a orientar sua descoberta da cismogênese entre os Iatmul da Nova Guiné. Ele percebeu que a cismogênese não era a única opção possível: sua pesquisa em Bali, Indonésia, revelou que esse modelo não se aplicava ali, mas o processo cismogenético havia se desenvolvido em sua personalidade, surgido em suas relações íntimas (após seu casamento com Margaret Mead, ele voltou a se casar duas vezes), e continuou no foco de seu interesse em matéria de cultura e política. Somos todos imensamente gratos a Bateson pela perspicácia de seus estudos, mas menciono sua dolorosa relação com o pai para apresentar os protagonistas de nosso diálogo, as crianças e a missão cada vez mais árdua de nossos tempos líquidos: sua educação.

ZYGMUNT BAUMAN: Bateson, em minha avaliação, foi de fato uma das mentes mais brilhantes, criativas e originais na antropologia do século passado. Seu conceito de cadeias cismogenéticas envolvia dois tipos diferentes: o simétrico, em que lados rivais assumem uma postura de "demonstração de superioridade", como por exemplo na corrida armamentista; e o complementar, quando as atitudes de ambos os lados de um conflito são mutuamente opostas e reciprocamente revigorantes, como no caso de arrogância versus submissão, quando, cada vez que uma postura se enrijece, ela intensifica e exacerba a outra. Embora resultado de seu trabalho de campo na Nova Guiné, o conceito lança uma luz claríssima sobre a dinâmica do comportamento competitivo em todos os tipos de interação humana – sem se confinar, de modo algum, a culturas "primitivas" ou situações um a um, face a face.

Outra inestimável contribuição de Bateson, ainda mais intimamente relacionada ao nosso tema, é a distinção entre três níveis de educação. O nível mais baixo é a transferência de informação a ser memorizada. O segundo, a "deuteroaprendizagem", visa ao domínio de uma "estrutura cognitiva" à qual a informação adquirida ou encontrada no futuro possa ser absorvida e incorporada. Mas há também um terceiro nível, que expressa a capacidade de desmontar e reorganizar a estrutura cognitiva anterior ou desembaraçar-se totalmente dela, sem um elemento substituto. Esse terceiro nível foi visto por Bateson como um fenômeno patológico, antieducativo mesmo (bem, essa era a época em que Erik Erikson considerava a fluidez da identidade uma doença psicológica). No entanto, enquanto o mais baixo dos três níveis de Bateson ficou fora de uso desde então – com a memória transferida do cérebro para discos eletrônicos, *pen drives* e servidores –, o que Bateson tratava como um câncer, e não como um tecido saudável, se transformou na norma do processo de ensino/aprendizagem (reversão similar teve lugar no status das identidades).

Creio que essa é uma das mais notáveis modificações no ambiente da educação, e potencialmente também em suas metodologias – e, com efeito, no próprio significado do conhecimento e na forma de sua produção, distribuição, aquisição, assimilação e utilização. Tenho certeza de que voltaremos a esses temas diversas vezes em nosso diálogo.

· 4 ·

Da oclusão mental à "revolução permanente"

RICCARDO MAZZEO: Na Itália, não é comum que um livro sobre educação alcance o topo da lista dos mais vendidos e lá permaneça durante meses. Foi o que aconteceu com o livro de Paola Mastrocola intitulado *Togliamo il disturbo: saggio sulla libertà di non studiare*. Nesse livro, a autora, professora de ensino médio e agradável romancista, ataca Don Milani (organizador de um livro muito famoso, *Lettera a una professoressa*, publicado em 1967) e Gianni Rodari (que escreveu *Gramática da fantasia*, de 1973). Don Milani tem renome na Itália por ter sido um dos primeiros a enfatizar a importância da educação para todas as crianças que, em função de sua posição de desvantagem social, não tivessem ferramentas para obter sucesso na escola. Gianni Rodari, por sua vez, insistia na importância da criatividade e da aprendizagem pela brincadeira. Além disso, Mastrocola critica nosso linguista mais proeminente e ex-ministro da Educação, Tullio De Mauro, por divisar uma educação que valoriza "o conhecimento prático, concreto e imediatamente aplicável". Falando sobre seu aluno ideal, Mastrocola o descreve como o único entre 25 que, quando solicitado, "repete tudo o que eu disse". A despeito de sua habilidade em apreender o desagrado de pais e professores – compreensivelmente cansados de ver suas crianças capturadas pelo Facebook e por toda sorte de tendências de curta duração –, fiquei pessoalmente muito surpreso pelo modo positivo com que o livro foi recebido.

Mastrocola trata a educação escolar, em que 1 milhão de pessoas está comprometido a dar o melhor de si na prática do ensino, como uma estufa, em que a tarefa dos alunos é simplesmente engolir um conjunto de noções e depois cuspi-las. Creio que na raiz dessa posição há uma dupla simplificação. Por outro lado, a autora, uma professora com um desejo frustrado de que os alunos memorizem suas aulas (acho que ser obrigada a lecionar sobre Torquato Tasso, um dos mais entediantes de nossos escritores canonizados, não torna sua tarefa mais fácil), chegou à conclusão de que a única solução é eliminar todos aqueles que não atinjam os padrões por ela estabelecidos. A segunda simplificação envolve seus leitores, obviamente cansados de ver seus próprios esforços educativos fracassarem e, assim, ávidos por adotar medidas rápidas e claras.

ZYGMUNT BAUMAN: Levou mais de dois milênios, desde que os sábios da antiga Grécia inventaram a noção de *paidea*, para que a ideia de "educação por toda a vida" se transformasse de paradoxo (uma contradição em termos) em pleonasmo (como "manteiga amanteigada" ou "ferro metálico"). Essa notável transformação ocorreu muito pouco tempo atrás, nas últimas décadas, em consequência do ritmo radicalmente acelerado da mudança no cenário social dos dois principais conjuntos de atores da educação: professores e alunos.

No momento em que os mísseis balísticos iniciaram seu movimento, a direção e a distância de seu percurso já haviam sido determinadas em função do formato e da posição do cano da arma e da quantidade de pólvora no cartucho; pode-se calcular, com pouco ou nenhum erro, o local em que o míssil vai aterrissar e escolher esse lugar mudando a direção do cano ou a quantidade de pólvora. Essas qualidades dos mísseis balísticos os tornaram as armas ideais para serem usadas nas guerras de posição – quando os alvos estavam enterrados em suas trincheiras ou bunkers, e os mísseis eram os únicos corpos em movimento.

As mesmas qualidades os tornam inúteis, contudo, quando alvos invisíveis ao atirador começam a se mover – particularmente quando se movem mais depressa que os mísseis, e ainda mais quando se movem de uma forma errática, imprevisível, que prejudica todos os cálculos preliminares da trajetória exigida. Então é necessário um míssil esperto, inteligente, que possa mudar de direção em pleno voo, a depender da mudança de circunstâncias; que identifique os movimentos de seu alvo, aprenda com eles o que for preciso sobre direção e velocidade atuais do alvo, e, a partir da informação recolhida, consiga extrapolar o ponto em que suas trajetórias irão se cruzar. Esses mísseis inteligentes não podem interromper (muito menos finalizar) a coleta e o processamento de informações durante seu percurso – à medida que seu alvo continua se movimentando e mudando de direção e velocidade, a plotagem do ponto de encontro precisa ser sempre atualizada e corrigida.

Podemos dizer que os mísseis inteligentes seguem uma estratégia de "racionalidade instrumental", embora em sua versão fluida, liquidificada, por assim dizer; ou seja, desprezam a noção de que o fim é dado, constante e imóvel durante o período necessário para a conclusão da tarefa, de modo que só os meios precisam ser calculados e manipulados. Nem os mísseis mais inteligentes se limitam a um alvo pré-selecionado, mas escolhem seus alvos durante o percurso. Em vez disso, serão guiados pela avaliação do máximo que podem alcançar, dada sua capacidade técnica, e de quais alvos potenciais à sua volta estão mais equipados para atingir. Isso seria um exemplo de "racionalidade instrumental" às avessas: os alvos são selecionados enquanto o míssil avança, e são os meios disponíveis que decidem qual "fim" será escolhido. Nesse caso, a "inteligência" do míssil e sua eficácia se beneficiarão se seu equipamento for de natureza "generalista" ou "indeterminada", sem foco numa categoria específica de objetivo, nem excessivamente ajustado para atingir um tipo de alvo em particular.

Os mísseis inteligentes, ao contrário de seus primos balísticos mais antigos, *aprendem no percurso*. Assim, o que precisam que lhes forneçam de início é a *capacidade* de aprender, e aprender depressa. Isso é óbvio. O que é menos visível, porém, embora não menos crucial que o talento de aprender depressa, é a capacidade de *esquecer* instantaneamente o que foi aprendido antes. Os mísseis inteligentes não teriam esse qualificativo se não fossem capazes de "mudar de ideia" ou revogar "decisões" anteriores sem remorsos nem reconsiderações. Não devem supervalorizar a informação que adquiriram e de maneira alguma desenvolver o *hábito* de se comportar da forma que essa informação sugere. Toda informação que adquirem envelhece depressa; em vez de fornecer uma orientação confiável, ela pode induzi-los a erro, a menos que se possa descartá-la prontamente. O que os "cérebros" dos mísseis inteligentes não devem esquecer é que o conhecimento que adquirem é eminentemente *descartável*, bom apenas até segunda ordem e de utilidade apenas temporária; e que a garantia do sucesso é não deixar passar o momento em que o conhecimento adquirido não se mostrar mais útil e for preciso jogá-lo fora, esquecê-lo e substituí-lo.

Os filósofos da educação da era sólido-moderna viam os professores como lançadores de mísseis balísticos, e os instruíam sobre como assegurar que seus produtos permanecessem estritamente no curso predeterminado pelo impulso do disparo inicial. E não admira. Os mísseis balísticos dos estágios iniciais da era moderna eram realizações de ponta da inventiva técnica humana. Serviam perfeitamente a quem desejasse conquistar e dominar o mundo tal como ele era. Como Hilaire Belloc declarou confiante, referindo-se aos nativos da África: "O que quer que aconteça, nós temos a metralhadora Maxim, e eles não." (A metralhadora Maxim, recordemos, era uma máquina feita para lançar grande número de projéteis balísticos num curto espaço de tempo, e só era eficaz se houvesse muitas balas disponíveis.) Na verdade, porém, essa visão da tarefa do professor e do destino do aluno é muito mais velha que a ideia de "míssil balístico" e do que a era moderna, que o inventou – como comprova um antigo provérbio chinês, que antecede em dois milênios o advento da modernidade, mas que ainda é citado pela Comissão das Comunidades Europeias, no limiar do século XXI, em apoio a seu projeto de "aprendizagem por toda a vida": "Se queres colher em um ano, deves plantar cereais. Se queres colher em uma década, deves plantar árvores, mas se queres colher a vida inteira, deves educar e capacitar o ser humano." Só no início da era líquido-moderna a antiga sabedoria perdeu seu valor pragmático, e as pessoas preocupadas com a aprendizagem e sua promoção, conhecidas pelo nome de "educação", tiveram de mudar seu foco de atenção dos mísseis balísticos para os inteligentes.

O professor John Kotter, da Harvard Business School, advertiu seus leitores para que evitassem se enredar num emprego de longo prazo do tipo "professor titular". Na verdade, desenvolver lealdade institucional e tornar-se absorvido demais e emocionalmente engajado em qualquer emprego, assumindo um compromisso de longo prazo, para não dizer por toda a vida, é desaconselhável quando "conceitos empresariais, produtos, projetos, inteligência rival, meios de produção e todos os tipos de conhecimento têm períodos de vida útil mais curtos".[1]

Se a vida pré-moderna era uma encenação diária da infinita duração de todas as coisas, exceto a vida mortal, a vida líquido-moderna é uma encenação diária da transitoriedade universal. O que os cidadãos do mundo líquido-moderno logo descobrem é que nada nesse mundo se destina a durar, que dirá para sempre. Objetos hoje recomendados como úteis e indispensáveis tendem a "virar coisa do passado" muito antes de terem tempo de se estabelecer e se transformar em necessidade ou hábito. Nada é visto como estando aqui para sempre, nada parece insubstituível. Tudo nasce com a marca da morte iminente e emerge da linha de produção com o "prazo de validade" impresso ou presumido. A construção de novos prédios não tem início a menos que se tenham emitido as permissões de demoli-los quando chegar a hora, como decerto ocorrerá; contratos não são assinados a não ser que sua duração seja determinada ou que seja fácil rompê-los quando se julgar necessário. Poucos compromissos, na verdade, duram tempo suficiente para alcançar um ponto sem retorno, e só por acidente essas decisões, todas destinadas a valer apenas "por tempo indeterminado", permanecem válidas. Tudo que nasce ou é feito, humano ou não, é dispensável e até segunda ordem.

Um espectro paira sobre os cidadãos do mundo líquido-moderno e todos os seus esforços e criações: o espectro da superfluidez. A modernidade líquida é uma civilização do excesso, da redundância, do dejeto e do seu descarte. Na sucinta e incisiva formulação de Riccardo Petrella, as atuais tendências globais dirigem "as economias para a produção do efêmero e do volátil – mediante a enorme redução do tempo de vida de produtos e serviços –, assim como do precário (empregos temporários, flexíveis e em tempo parcial)".[2]

O grande sociólogo italiano Alberto Melucci costumava dizer que "estamos contaminados pela fragilidade da condição presente, que exige um alicerce firme onde não existe alicerce algum". E assim, "ao contemplarmos a mudança, estamos sempre divididos entre desejo e medo, esperança e incerteza".[3] Incerteza significa *risco*, companheiro inseparável de toda ação e espectro sinistro a assombrar os compulsivos tomadores de decisão e escolhedores que nos tornamos, por necessidade, desde que, como Melucci incisivamente afirma, "a escolha se tornou um destino".

Na verdade, usar o verbo "tornar-se" não é inteiramente correto, já que os seres humanos têm sido escolhedores desde o momento em que viraram humanos. Mas se pode dizer que em nenhuma outra época a necessidade de fazer escolhas foi tão profunda, nem o ato de escolher se tornou tão dolorosamente embaraçador, conduzido sob condições de dolorosa mas incurável incerteza, de uma constante ameaça de "ficar para trás" e ser excluído do jogo, impedido de voltar a ele pela incapacidade de atender às novas demandas.

O que separa a atual agonia da escolha dos desconfortos que sempre atormentaram o *homo eligens*, o "homem que escolhe", é a descoberta ou suspeita de que não há regras prefixadas e objetivos universalmente aprovados a se seguir, que pudessem absolver os escolhedores das consequências adversas de suas opções. Quaisquer linhas de direção e qualquer ponto de referência que hoje parecem confiáveis tendem a ser desprezados amanhã como equivocados ou corrompidos. Companhias pretensamente sólidas são desmascaradas como produtos da imaginação de seus contadores. O que hoje é "bom para você" pode ser reclassificado amanhã como veneno. Compromissos aparentemente firmes e acordos assinados com solenidade podem ser anulados da noite para o dia. As promessas, ou a maioria delas, são feitas somente para serem traídas e rompidas. Parece que não há ilhas estáveis e seguras em relação às ondas. Mais uma vez citando Melucci, "não temos mais um lar; somos repetidamente convocados a construí-lo e depois reconstruí-lo, como os três porquinhos da história infantil, ou a carregá-lo nas costas como os caracóis".

Num mundo como esse, somos compelidos a assumir a vida pouco a pouco, tal como ela nos vem, esperando que cada fragmento seja diferente dos anteriores, exigindo novos conhecimentos e habilidades. Gregory Bateson, um dos antropólogos mais perspicazes de todos os tempos, famoso por sua capacidade de identificar tendências culturais ainda incipientes, embrionárias e pouco visíveis, observou (mais de meio século atrás!) a iminente "revolução educacional". Há três níveis no processo de ensinamento/aprendizagem, escreveu ele. No primeiro nível, mais baixo, é exatamente como Paola Mastrocola deseja: alunos repetindo palavra por palavra o que os professores dizem, "aprendizagem rotineira", memorizar, construir fortificações contra qualquer informação transgressora ou apenas fora de lugar, e portanto considerada "irrelevante". A produção de típicos "mísseis balísticos", poderíamos dizer. Num segundo nível, mais elevado, Bateson situa a formação de estruturas e predisposições cognitivas que possibilitam a orientação numa situação ainda pouco conhecida, assim como a absorção, assimilação e incorporação de novos conhecimentos. Esse, podemos dizer, é o tipo de ensino/aprendizagem destinado à produção de "mísseis espertos" (hoje cada vez mais "inteligentes"). Há, contudo, insinua Bateson, um terceiro nível, ainda mais elevado, que controla o momento em que os "dados anômalos" se tornam numerosos demais para ser descartados como aberrações e negligenciados, quando se faz necessária uma revisão radical da estrutura cognitiva para acomodá-los e dar-lhes "significado". Um pouco depois, Thomas Kuhn chamou esse momento de "revolução científica" e sugeriu que todo progresso no conhecimento tende a tropeçar de uma revolução dessas para outra.

Eu diria que hoje estamos todos lançados a uma condição perpetuamente "revolucionária". Tanto quanto posso apreender, em tais condições, o modelo de ensino de Mastrocola é uma receita para incapacitar, e não para habilitar os jovens a se juntar à companhia dos mais velhos. O único propósito invariável da educação era, é e continuará a ser a preparação desses jovens para a vida segundo as realidades que tenderão a enfrentar. Para estar preparados, eles precisam da instrução: "conhecimento prático, concreto e imediatamente aplicável", para usar a expressão de Tullio De Mauro. E, para ser "prático", o ensino de qualidade precisa provocar e propagar a abertura, não a oclusão mental.

· 5 ·

Carvalhos e bolotas ridiculamente minúsculas

RICCARDO MAZZEO: Como você afirmou no Festival dell'Economia, realizado em Trento: se o mundo está fora de ordem e os pais compensam os filhos pela falta de cuidado e atenção comprando produtos de primeira linha; se eles próprios abandonaram os momentos de reflexão solitária em favor de multitarefas na internet; se esqueceram a "arte da vida" sobre a qual o senhor falou no livro que escreveu com esse título; se não entendem que uma relação amorosa exige tempo, carinho e flexibilidade, e em vez disso preferem acabar com seus casamentos, sem cuidar deles como se fossem uma planta, regando-os a cada dia; se os adultos se baseiam exclusivamente na razão instrumental e não têm mais a capacidade de pensar criticamente – como podemos esperar que crianças e estudantes sejam capazes de fazê-lo, dado o ar moralmente poluído que respiram e os exemplos que veem à sua volta?

ZYGMUNT BAUMAN: Václav Havel, familiarizado, como você sabe, com um mundo de pressões e coerções poderosas, aparentemente insustentáveis, com a vida passada alternadamente dentro dos muros das prisões e em prisões sem muros, extraiu a seguinte lição de sua experiência: se você quer mudar o mundo, primeiro precisa saber que canções as pessoas estão preparadas para cantar (sendo ele mesmo poeta, Havel tendia a extrair metáforas do mundo das artes). Mas, acrescentou de imediato, não há como saber que tipo de canções as pessoas vão preferir cantar no ano que vem.

O *Homo sapiens* destaca-se do resto da criação animal por ser indefinido e indeterminado, e portanto condenado à transcendência, a desafiar o status quo, a chegar "acima" e "além". Nossos ancestrais distantes, que escreveram a Bíblia, já estavam conscientes desse destino ao estabelecer os mandamentos "comerás o teu pão com o suor do teu rosto" e "com dor darás à luz filhos" como as únicas instruções obrigatórias dadas por Deus a Adão e Eva, respectivamente, ao enviá-los ao mundo que deveriam habitar.

A forma de vida praticada por todos e cada um de nós é o resultado combinado do destino (sobre o qual pouco podemos fazer, embora ele seja, pelo menos em parte, um produto resumido de escolhas humanas do passado) e do caráter (que podemos aperfeiçoar, reformar e recompor). O destino delineia o conjunto de opções viáveis, mas é o caráter que as seleciona, escolhendo algumas e rejeitando outras. Não há situação que não contenha mais de uma opção (regra verdadeiramente universal que se aplica até aos prisioneiros dos campos de concentração, essa síntese da desqualificação total), portanto, não existe "situação sem escolha" – nenhuma situação em que não se possa fazer outra coisa no lugar do que está sendo feito; e não existe escolha, decisão ou ação sem alternativa.

A convicção que me tem feito continuar procurando, pensando e escrevendo no curso dos anos é de que, para fazermos uso adequado da liberdade de escolha (embora reduzida), precisamos estar conscientes do leque de opções oferecido pelo "destino" (o momento histórico não escolhido em que temos de agir) e do conjunto de ações (ou melhor, formas de agir) alternativas dentre as quais escolher. Ao descrever sucessivas situações a que o destino nos tem lançado, tentei (e continuo tentando) encontrar e explicitar quais as oportunidades *e* as ameaças contidas em latência em determinadas condições. Como resultado de minha vida estranhamente longa, tenho tido a oportunidade de realizar essa operação numa série de condições muito distintas; e não consegui encontrar uma forma de vida a que faltasse oportunidades e ameaças. A forma de vida atual, em relação à qual tenho lutado para fazer um inventário nos últimos dez anos, mais ou menos (a sociedade "líquido-moderna" dos consumidores, desregulamentada e individualizada, constituída num ambiente cada vez mais globalizado), não é exceção.

Assim, há muitos motivos para preocupação, mas não para desespero. À sua pergunta sobre se – dadas as pressões, os modismos e peculiaridades aparentemente irresistíveis que hoje prevalecem – ainda podemos ter a expectativa ou a esperança de que nossos filhos e alunos se comportem diferentemente da maneira como a maioria hoje se comporta, minha resposta é "sim". Se é verdade (e é) que cada conjunto de circunstâncias contém algumas oportunidades e seus perigos, também é verdade que cada qual está repleto tanto de rebelião quanto de conformismo. Não nos esqueçamos de que toda maioria começou como uma pequenina, invisível e imperceptível minoria. E que mesmo carvalhos centenários desenvolveram-se a partir de bolotas ridiculamente minúsculas.

. 6 .

Em busca de uma genuína "revolução cultural"

Riccardo Mazzeo: Estou lendo hoje (17 de julho de 2011) que dois dos líderes carismáticos que você mencionou em suas respostas, Cem Özdemir e Václav Havel, acabam de se unir na recusa a permitir que o prêmio Quadriga seja outorgado a Vladimir Putin como "um modelo exemplar das pessoas que trabalham pelo bem comum"; a Associação Werkstatt Deutschland precisa recuar. Isso não surpreende: eles são heróis, e Putin só poderia ser celebrado dessa maneira no *1984* de George Orwell; mas serve como confirmação o fato de que, tão logo você disse que "não há situação sem escolha", tanto Özdemir quanto Havel imediatamente se rebelaram contra a injustiça. A associação dessas ideias me traz de volta à mente Nazim Hikmet, que era turco, como Özdemir, além de poeta, revolucionário e (por muitos anos) prisioneiro como Havel. Escolhi para o convite de meu casamento um poema de Hikmet, um poema que exigia que a vida fosse levada a sério, a tal ponto que, "quando você tiver oitenta anos, vai plantar uma oliveira". É uma imagem intrinsecamente presente em sua conclusão de que ainda nos é permitido ter esperança porque "mesmo carvalhos centenários se desenvolveram a partir de bolotas ridiculamente minúsculas". Como poderiam desaparecer a persistência, a capacidade de planejar, os desejos de longo prazo e todas as qualidades que tornaram os seres humanos capazes de construir uma vida melhor?

Um de seus discípulos, Mauro Magatti, escreveu um livro importante, *Libertà immaginaria*, cujo subtítulo é "As ilusões do capitalismo tecnoniilista", em que ele ilustra os danos produzidos pelo desconstrucionismo filosófico: "A mudança da concepção da natureza como ordem para uma visão em que prevalece a ideia de um processo de construção e desconstrução infinito é o passo inicial para esmagar todos os tijolos com que se construiu o pensamento moderno."[1] Eis em funcionamento o terceiro nível de Bateson: só as pessoas capazes de pular de uma oportunidade para outra, de se desempenhar em condições de incerteza, de esquecer noções antes importantes, mas agora irrelevantes, só essas pessoas sobrevivem e têm sucesso (até segunda ordem).

Magatti descreve o novo cenário:

> Não existe mais centro nem periferia, superior ou inferior, certo ou errado: o capitalismo tecnoniilista tende a subsumir tudo, inclusive o que é produzido às suas margens e a ele se opõe. Não existe mais contracultura porque "tudo é produção cultural". A contracultura constitui, na verdade, uma forma de novidade que enriquece a variedade e, como tal, é incorporada ao sistema.[2]

Se o novo sistema no poder devora, digere e se beneficia de toda intervenção de resistência, a partir de hoje, que podemos fazer?

Zygmunt Bauman: Você colocou o dedo naquele que talvez seja o obstáculo crucial à efetividade do consistente e do coerente em nossa sociedade de consumidores mediada e orientada pelo mercado: a capacidade onívora dos mercados de consumo, sua fantástica habilidade de aproveitar todo e qualquer problema, ansiedade, apreensão, dor e sofrimento humanos – sua capacidade de transformar todo protesto e todo impacto de "força contrária" em proveito e lucro. Por outro lado, com os mercados no controle total dos canais de representação, divulgação e comunicação, as forças críticas e de oposição quase não têm escolha senão jogar de acordo com as regras do mercado, e assim – de forma indireta, mas não menos poderosa – endossar e reforçar o domínio do mercado.

Em seu estudo recentemente publicado sob o título *Redefining Prosperity*, o professor Tim Jackson só culpa indiretamente a ambição do lucro, destacando como principal culpada "nossa cultura baseada num insaciável apetite por novidade – que é o aspecto simbólico dos objetos". É por causa desse apetite rigorosamente treinado e já muitíssimo entranhado que nos vemos sempre encorajados e inclinados a nos comportar de forma egoísta e materialista – uma espécie de comportamento indispensável para manter funcionando nosso tipo de economia, a economia consumista. Somos instigados, forçados ou induzidos a comprar e gastar – a gastar o que temos e o que não temos, mas que esperamos ganhar no futuro. A menos que isso passe por uma mudança radical, são mínimas as chances de dissidência efetiva e de libertação dos ditames do mercado. As possibilidades em contrário são esmagadoras.

Nada menos que uma "revolução cultural" pode funcionar. Embora os poderes do atual sistema educacional pareçam limitados, e ele próprio seja cada vez mais submetido ao jogo consumista, ainda tem poderes de transformação suficientes para ser considerado um dos fatores promissores para essa revolução.

· 7 ·

A depravação é a estratégia mais inteligente para a privação

RICCARDO MAZZEO: Talvez uma das razões para a urgência da "revolução cultural" que você deseja e considera possível seja, ao menos na Itália, a chamada "hegemonia subcultural" (expressão extraída do livro de mesmo título da autoria de Massimiliano Panarari).[1] Refere-se ao uso deliberado dos métodos descritos por Antonio Gramsci como propiciadores da hegemonia do povo mediante o acesso à cultura, que são o inverso dos métodos análogos utilizados a fim de tornar as pessoas relutantes para se envolver com a cultura e o pensamento crítico – graças à maciça exposição a intermináveis programas de TV com mais e mais moças usando trajes sumários, ao relato de histórias obscenas e engraçadas, à tendência deprimente (cultivada e induzida com habilidade) em relação ao que você já chamou de "strip-tease emocional" e ao triunfo dos tabloides cheios de fofocas (canais de TV e tabloides de propriedade de nosso premier, tendo como cérebro de manobra Alfonso Signorini, um intelectual "autêntico", porém vendido, diretor dos dois tabloides de maior vendagem na Itália). Uma segunda razão é o menosprezo desalentador com que se trata a escola. Numa sociedade afluente, o trabalho do professor muitas vezes é desconsiderado, pois nos países mais abastados esse investimento de longo prazo nos filhos exigiria a participação ativa que os pais, ocupados demais e presos à armadilha consumista, não querem ter.

É pela escola, em vez disso, que deveríamos recomeçar. Uma contribuição a essa reavaliação apareceu recentemente com o livro *Giorni di scuola*, organizado por Tullio De Mauro e Dario Ianes.[2] De Mauro cita Kipling para descrever os professores: "Louvemos agora homens famosos/ homens de pouca exposição./ Pois seu trabalho continua/ e esse trabalho continua,/ amplo e fundo continua,/ maior que seu conhecimento."[3] E Ianes, por sua vez:

> Nesta hora da noite, os que ainda acreditam nele estão preparando um tema para alguns alunos ou pesquisando na internet em busca de notícias atualizadas para a sala de aula. Os que ainda acreditam nele levam seu trabalho até para o banheiro, como o fazem, claro, outros profissionais, mas seu trabalho ostenta uma face, um nome.

Vinte professores (do pré-escolar ao curso médio, incluindo dois diretores) oferecem seu testemunho, e alguns falam dos "recursos que encontram em si mesmos, que pacientemente desenvolvem dia após dia, em vez de apenas esperar que apareçam, praguejando ou se queixando".

Já conheci pessoalmente inúmeros professores e tenho percebido um interesse genuíno, até uma paixão, por seu trabalho, de modo que, antes de mais nada, acho que deveríamos respeitá-los, mas obviamente isso não basta. Na Itália, há quase 100% de êxito até o fim do curso secundário; depois o sucesso se reduz de forma drástica, e mais de 30% se evadem antes de obter o diploma de nível médio. Alguns dos fugitivos saem para frequentar escolas privadas sem credibilidade, mas a cada ano 120 mil jovens aumentam as fileiras de "neets" ("não em educação, emprego ou treinamento");* e os italianos pertencentes a esse grupo, na faixa dos quinze aos dezenove anos, agora são mais de 2 milhões. Portanto, está claro que algo de grave ocorre durante essa transição. O que você acha disso?

---

* Na Itália, a sigla neets é usada para designar as pessoas que não estão estudando, não estão empregadas nem realizando qualquer tipo de treinamento ou estágio que as capacite para um emprego. (N.T.)

Zygmunt Bauman: A depravação é a estratégia mais inteligente para a privação. A mudança do foco (por meio da tentação e do encantamento), e portanto também da "relevância para a vida", para longe da aquisição das habilidades de flagrar impressões sensuais, que você tão inteligentemente identifica e expõe quando fala da "dieta" da TV, é a técnica da depravação produzindo as legiões de "neets" que você lamenta. Trata-se, de fato, de uma técnica insidiosa – que torna agradável a privação contínua e faz da servidão algo percebido e sentido como liberdade de escolha.

E outra questão: pessoas como Alfonso Signorini provavelmente diriam que devemos ter cuidado em culpar o mensageiro pelo conteúdo e as consequências da mensagem. Nem a televisão nem os tabloides alteram o nosso formato; o que fazem é trazer à superfície, revelar e expor o que está "dentro" de nós, já pré-processado pela forma de vida que nos foi – não por escolha – destinada. A forma de vida em que a geração jovem de hoje nasceu, de modo que não conhece nenhuma outra, é uma sociedade de consumidores e uma cultura "agorista" – inquieta e em perpétua mudança – que promove o culto da novidade e da contingência aleatória. Numa sociedade e numa cultura assim, nós sofremos com o suprimento excessivo de todas as coisas, tanto os objetos de desejo quanto os de conhecimento, e com a assombrosa velocidade dos novos objetos que chegam e dos antigos que se vão. A ressonância entre as agendas da TV (um redemoinho de trajes sumários e strip-teases emocionais) e o modo como nossa forma de vida nos treinou e adestrou a sentir e desejar é medida pelo ranking das emissoras. Ver TV, afinal, não é obrigatório, e mudar de canal não é motivo de punição. Pelo menos nesse aspecto de nossa tomada de decisões, ainda temos liberdade de escolha. Não desligar o aparelho é uma decisão, da mesma forma que o ligar. Ou pelo menos é o que parece.

"Há informação demais por aí", observa Thomas Hylland Eriksen em seu livro *Tyranny of the Moment*. "Uma habilidade fundamental na sociedade da informação consiste em proteger-se de 99,99% das informações oferecidas pelas quais a pessoa não se interessa." Podemos dizer que praticamente desapareceu a linha que separa uma mensagem significativa, o objeto aparente da comunicação, de seu adversário e obstáculo reconhecido, ou seja, do ruído de fundo. Há uma competição acirrada pelo tempo, qualquer que seja, de que os consumidores ainda dispõem, pelas menores brechas entre os momentos de consumo que ainda possam ser preenchidas com mais informação. Os fornecedores têm a expectativa de que os que se encontram na extremidade receptora do canal de comunicação, no curso de suas buscas desesperadas pelos bits de informação de que de fato precisam, possam por acaso cruzar com bits de que ainda não precisam, mas os fornecedores desejam que absorvam; e então, quem sabe, possam ficar suficientemente impressionados para fazer uma pausa ou reduzir o ritmo a fim de absorvê-los no lugar daqueles que realmente desejavam. Captar fragmentos de um ruído e convertê-los numa mensagem significativa é um processo amplamente aleatório. O "hype", esse produto da indústria de relações públicas (RP) que pretendia separar os "objetos de atenção desejáveis" do improdutivo (leia-se: não lucrativo) ruído (objetos como comerciais de página inteira anunciando a estreia de um filme; o lançamento de um livro; a transmissão de um programa de TV fortemente patrocinado pelos anunciantes; ou a abertura de uma nova exposição) serve momentaneamente para desviar, canalizar e condensar numa só direção a busca contínua e desesperada, ainda que dispersa, por "filtros" – concentrando a atenção, por alguns minutos ou alguns dias, num objeto de desejo de consumo selecionado.

Mais uma vez citando Eriksen: "Em vez de organizar o conhecimento segundo linhas ordenadas, a sociedade da informação oferece cascatas de signos descontextualizados, conectados entre si de forma mais ou menos aleatória." Dito de outra maneira: quando quantidades crescentes de informação são distribuídas a uma velocidade cada vez maior, torna-se progressivamente mais difícil criar narrativas, ordens ou sequências de desenvolvimento. Os fragmentos ameaçam se tornar hegemônicos.

Isso tem consequências para as maneiras como nos relacionamos com o conhecimento, o trabalho e o estilo de vida num sentido amplo.

A memorável sentença de Robert Louis Stevenson, "viajar cheio de esperança é melhor que chegar", nunca pareceu mais verdadeira do que agora, em nosso mundo fluido e liquidificado. Quando os destinos se movem, e aqueles que não perdem seu charme mais depressa do que as pessoas podem andar, os carros podem rodar ou os aviões podem voar, manter-se em movimento é mais importante que o destino. Evitar que qualquer coisa praticada no momento se transforme em hábito; não ficar preso pelo legado do próprio passado; usar a identidade atual como uma camisa que pode ser prontamente substituída quando sai de moda; desdenhar das velhas lições e das antigas habilidades sem inibição ou remorso – tudo isso está se transformando nos carimbos oficiais da atual política de vida líquido-moderna e nos atributos da racionalidade de nosso tempo. A cultura líquido-moderna não se sente mais uma cultura da aprendizagem e da acumulação, como as culturas registradas nos relatos de historiadores e etnógrafos. Em vez disso, parece uma *cultura do desengajamento, da descontinuidade e do esquecimento*.

No que George Steiner denominou "cultura de cassino", cada produto cultural é calculado para o máximo impacto (ou seja, dispersar, eliminar e descartar os produtos culturais de ontem); e a obsolescência instantânea (ou seja, reduzir a distância entre a novidade e a lata de lixo com produtos culturais preocupados em não abusar da hospitalidade e prontos a logo deixar o palco para abrir espaço aos novos produtos de amanhã). Artistas que antes identificariam o valor de seu trabalho com a eterna duração, e lutavam por uma perfeição que tornasse futuras mudanças praticamente impossíveis, agora montam instalações destinadas a ruir com o fim da exposição, ou happenings que terminarão no momento em que os atores resolverem tomar outro caminho; eles recolhem pontes até que se restaure o tráfego, ou prédios por concluir até que se retome a construção; erigem ou modelam "esculturas espaciais" que convidam a natureza a cobrar seu pedágio e a fornecer outra prova, como se isso fosse necessário, da ridícula brevidade de todos os feitos humanos e da superficialidade de suas pegadas. Os competidores dos programas de TV de perguntas e respostas são os únicos que devem se lembrar do assunto em pauta ontem, embora não se espere de ninguém, nem muito menos se permite, que prefira ficar por fora do assunto em pauta hoje.

O mercado de consumo está adaptado à "cultura de cassino" líquido-moderna, a qual, por sua vez, está adaptada às pressões e seduções desse mercado. As duas se harmonizam bem e se alimentam mutuamente. Para não desperdiçar o tempo de seus clientes ou se apossar de suas alegrias futuras e ainda imprevisíveis, os mercados de consumo oferecem produtos destinados à pronta devoração, de preferência de uma única vez, com rápido descarte e reposição, de modo que o espaço vital não fique atravancado quando os objetos hoje admirados e cobiçados saírem de moda. Os clientes, confusos diante da assombrosa variedade de ofertas e do ritmo vertiginoso com que elas mudam, não podem mais confiar na facilidade de aprender e memorizar; assim, devem aceitar (e aceitam com gratidão) as garantias de que o produto atualmente em oferta é *"a coisa", "o quente", "o must"*, "aquilo *com o que (ou dentro do que) se deve ser visto"*. A centenária fantasia de Lewis Carroll agora se transformou em realidade: "É preciso correr muito para ficar no mesmo lugar. Se você quer chegar a outro lugar, corra duas vezes mais!" Então, onde isso deixa nossos alunos e seus professores?

Em minha juventude, ficavam me advertindo: "Quem aprende depressa logo esquece." Mas quem falava era uma sabedoria diferente, a sabedoria de uma época que tinha o longo prazo na mais alta estima, em que as pessoas lá de cima marcavam sua posição elevada cercando-se do que era durável e deixavam o transitório aos que se situavam nas partes inferiores da pirâmide; uma época em que a capacidade de manter, guardar, cuidar e preservar representava muito mais que a facilidade (lamentável, vergonhosa e deplorável) de dispensar.

Não é o tipo de sabedoria que muitos de nós aprovariam agora. O que antes era mérito hoje se transformou em vício. A arte de surfar tomou a posição, na hierarquia das habilidades úteis e desejáveis, antes ocupada pela arte de aprofundar-se. Se o esquecimento rápido é consequência da aprendizagem rápida e superficial, longa vida à aprendizagem rápida (curta, temporária, rasteira)! Afinal, se o que você precisa preparar é o comentário de amanhã sobre os eventos de amanhã, a memória dos eventos de anteontem será de pouca utilidade. E como a capacidade de memória, ao contrário da capacidade dos servidores da internet, não pode ser ampliada, uma boa – ou seja, longa – memória, na verdade, pode limitar sua habilidade de absorver e acelerar a assimilação.

Lembre-se de que todos ou quase todos os heróis contemporâneos das histórias de ascensão social – sujeitos que fizeram fortunas de bilhões de dólares a partir de uma única ideia feliz e de uma oportunidade auspiciosa, as encarnações atuais da ideia de uma vida de sucesso, de Steve Jobs, fundador da Apple, a Jack Dorsey, inventor do Twitter, e David Karp, fundador do Tumblr –, todos, sem exceção, se evadiram do sistema educacional. (Karp bateu o recorde por não ter passado um único dia no colégio após abandonar o ensino médio no primeiro ano.) Damien Hirst, outra encarnação do sucesso instantâneo que leva a uma fortuna fabulosa, um ídolo da "Britart", a variedade mais lucrativa da atual produção artística na Grã-Bretanha, confessa sua surpresa diante do que se pode conseguir com notas medíocres nas escolas de artes com um pouco de sorte e uma serra.

Será que não completamos o círculo desde o mito do "patinho feio", do engraxate que se torna milionário graças a um golpe de sorte combinado com grande dose de bom-senso, a uma versão "nova e aperfeiçoada" do mesmo mito, embora com o engraxate substituído por um compactador de mensagens? Em algum ponto desse movimento circular se perdeu a promessa de equiparar as oportunidades por meio de uma educação universal, capaz de promover uma vida feliz.

· 8 ·

Minutos para destruir, anos para construir

RICCARDO MAZZEO: Entre as imagens que me impressionaram e que decidi guardar, há a fotografia de uma aula ao ar livre na cidade de Fada, no Chade. Cada uma das cerca de cinquenta crianças de escola primária exibe orgulhosamente um pequeno quadro-negro sobre a cabeça; estão pobremente vestidas, e o país está em desordem por causa da guerra, da escassez de recursos e do desafio representado pela existência de duzentos grupos étnicos diferentes. Mas há ao mesmo tempo algo "feliz e glorioso" nessa foto, como observou o romancista italiano Antonio Scurati: "As crianças com seus quadros-negros na cabeça parecem erguer a bandeira da educação universal, fazendo com que a catedral do conhecimento culmine em pináculos de ardósia, o sonho de um prédio escolar grande o bastante para conter toda a humanidade."
Na Itália, em 1951, o país era subdesenvolvido e a aprendizagem durava, em média, apenas três anos. O país é agora "desenvolvido", com uma média de onze anos de educação, mas isso também resultou das condições de prosperidade das décadas de 1960 e seguintes – até os últimos anos, quando cada vez mais famílias são ameaçadas, dia após dia, pelo espectro da pobreza.
Em sua entrevista concedida em 2010 a Randeep Ramesh, você disse, falando sobre Ed Miliband, que considerava muito interessante

a visão dele sobre comunidade: sua sensibilidade para os problemas dos pobres, sua consciência de que a qualidade da sociedade e a coesão da comunidade não podem ser avaliadas em termos estatísticos, mas devem ser medidas em termos do bem-estar dos segmentos mais frágeis da população. Governos europeus estão reduzindo programas de bem-estar social – na Grã-Bretanha, na Itália, quase em toda parte. Você talvez tenha sido o único a propor, em 1999, uma garantia de "renda do cidadão", essencialmente, dinheiro suficiente para viver uma vida livre, "remover a fétida mosca da insegurança do unguento aromático da liberdade". Dez anos depois, Miliband endossou sua proposta, e os jovens estão ampliando sua consciência em relação aos terríveis ataques desferidos por políticos contra seu futuro, em termos de impostos mais pesados e maiores obstáculos.

ZYGMUNT BAUMAN: Bastam alguns minutos e um punhado de assinaturas para destruir o que levou milhares de cérebros, o dobro de mãos e um bocado de anos para construir. Esta talvez sempre tenha sido a atração mais surpreendente e sinistra, embora incontrolável, da destruição – ainda que a tentação nunca tenha sido mais irresistível do que nas vidas apressadas que se levam em nosso mundo obcecado com a velocidade. Em nossa sociedade líquido-moderna de consumidores, a indústria de eliminação, remoção e descarte de dejetos é uma das poucas atividades com garantia de crescimento contínuo e imune aos caprichos dos mercados de consumo. Essa atividade é, afinal, absolutamente indispensável para que os mercados possam proceder da única forma de que são capazes: tropeçando de uma rodada de alvos ultrapassados para outra, a cada vez limpando o lixo resultante junto com as instalações responsabilizadas por produzi-lo.

Obviamente, essa é uma forma de procedimento extravagante demais; e, com efeito, excesso e extravagância são os principais venenos endêmicos da economia consumista, prenhes que são de uma variedade de danos secundários e contingentes ainda mais amplos de vítimas colaterais. Excesso e extravagância são os companheiros de viagem mais leais, inseparáveis, da economia consumista – e destinados a permanecer inseparáveis até que a morte (comum) os separe. Acontece, porém, que os cronogramas ou ciclos de excesso e extravagância – normalmente espalhados por um amplo espectro da economia consumista e seguindo seus próprios ritmos não sincronizados – podem se sincronizar, se coordenar, se sobrepor e fundir-se, tornando quase insustentável e inatingível qualquer restauração regular das fendas e rupturas pelos equivalentes econômicos dos cosméticos de *face-lifting* e dos transplantes de pele. Quando os cosméticos não bastam, uma cirurgia em ampla escala é exigida e – embora com relutância – realizada. Chegou a hora da "redução de gastos", da "reorganização" ou "reajustamento" (codinomes politicamente preferidos para descrever a redução das atividades consumistas) e da "austeridade" (codinome para os cortes nos gastos do Estado), objetivando uma "recuperação conduzida pelos consumidores" (codinome para utilização de dinheiro guardado nos cofres do Tesouro com a finalidade de recapitalizar agências estimuladoras do consumismo, principalmente bancos e empresas de cartão de crédito).

É nesse tempo que vivemos, na sequência de acumulação e congestão maciças do excesso e da extravagância, e do resultante colapso do sistema de crédito, com suas incontáveis baixas colaterais. Na estratégia de vida, sustentada pelo crédito, do "aproveite agora, pague depois" – reforçada, alimentada e fomentada pelas forças conjuntas das técnicas de marketing e das políticas governamentais (adestrando sucessivas coortes de estudantes na arte e no hábito de viver a crédito) –, os mercados de consumo descobriram uma varinha de condão; com ela transformam multidões de cinderelas, consumidores inativos ou inúteis, numa massa de devedores (geradores de lucro); ainda que, tal como ocorreu com Cinderela, por uma única e encantadora noite. A varinha fez sua mágica com a ajuda de garantias de que, quando fosse a hora de pagar, o dinheiro necessário seria facilmente extraído do valor de mercado acumulado das maravilhas adquiridas. Prudentemente ficou de fora dos panfletos de propaganda o fato de que os valores de mercado vão se acumulando *por causa* da garantia de que as fileiras de dispostos e aptos compradores dessas maravilhas continuarão a crescer; o raciocínio por trás dessas garantias, como todas as bolhas, é circular. A acreditar nos operadores do crédito, era esperável que o empréstimo por hipoteca que você tomou oferecendo sua casa como garantia fosse pago pela própria casa, ao aumentar de preço, como tinha ocorrido nos últimos anos, e tendendo a aumentar muito mais depois que o empréstimo tivesse sido quitado. Acreditava-se também que o empréstimo contraído para financiar os estudos na universidade seria pago, e com altos juros, pelos fabulosos salários e benefícios à espera dos portadores de diplomas.

A bolha agora estourou e a verdade foi revelada – embora, como sempre, *depois* de produzido o prejuízo. E no lugar dos ganhos sedutoramente prometidos, a serem privatizados pela mão invisível do mercado, as perdas foram violentamente nacionalizadas por um governo que tende a promover a liberdade do consumidor e a louvar o consumo como o atalho mais curto e seguro para a felicidade. As vítimas da economia do excesso e da extravagância é que são forçadas a pagar os custos, confiassem elas ou não em sua sustentabilidade, acreditassem elas ou não em suas promessas, submetendo-se de boa vontade às suas tentações. Os que inflaram a bolha e ganharam com isso deram poucos sinais de sofrimento, possivelmente nenhum. Não são *deles* as casas que estão sendo tomadas nem o seguro-desemprego que está sendo cortado, assim como não são de *seus* filhos os playgrounds que tiveram a construção interrompida. As pessoas induzidas e forçadas à dependência do dinheiro emprestado é que estão sendo punidas. Como nos informou *The Guardian* em 6 de fevereiro de 2011, o governo

> não vai fornecer novos fundos para uma série de esquemas destinados a ajudar as famílias a não se endividar. Os ministros têm

dito que, quando as verbas acabarem, este ano, não haverá dinheiro para o Fundo de Inclusão Financeira, que fornecia serviços de apoio a devedores. O governo também se recusa a garantir o futuro do Fundo de Crescimento – que fornecia empréstimos a juros baixos. O fundo de poupança Gateway, que estimulava os beneficiários de créditos e benefícios fiscais a poupar, também foi cortado.

Entre os milhões de punidos, há centenas de milhares de jovens que acreditavam, ou não tinham escolha senão comportar-se *como se* acreditassem, que o espaço no topo é ilimitado, que só precisam de um diploma universitário para ali entrar; e que, uma vez lá dentro, o pagamento dos empréstimos tomados ao longo do percurso seria ridiculamente fácil, considerando-se a nova credibilidade creditícia que acompanha esse endereço privilegiado. Agora se defrontam, como única alternativa, com a expectativa de preencher inumeráveis propostas de emprego que dificilmente chegam a ser respondidas; com um desemprego infinitamente longo; e com a aceitação de serviços precários e sem futuro, quilômetros abaixo do topo.

É verdade que cada geração tem sua percentagem de recusados. Há pessoas em cada geração às quais se atribui o status de rejeitado porque a "mudança geracional" tende a trazer algumas alterações significativas nas condições e nas demandas de vida que obrigarão as realidades a se afastar das expectativas implantadas pelas condições anteriores e a desvalorizar as habilidades que costumavam ser desenvolvidas e promovidas. Essas mudanças vão significar que pelo menos alguns dos recém-chegados que não sejam suficientemente flexíveis ou dispostos a se adaptar aos padrões emergentes estarão despreparados para enfrentar os novos desafios, assim como para resistir às suas pressões. Não é frequente, porém, que a sorte dos rejeitados se amplie para envolver *toda uma geração*. É o que pode estar acontecendo agora.

Várias mudanças geracionais aconteceram na história europeia do pós-guerra. Primeiro veio a "geração do baby boom", seguida por duas gerações denominadas X e Y; mais recentemente (embora nem tanto quanto o choque provocado pelo colapso da economia de Reagan/Thatcher), anunciou-se a iminente chegada da geração Z. Todas essas mudanças geracionais foram eventos mais ou menos traumáticos; em cada caso, assinalaram uma quebra de continuidade e a necessidade de reajustes por vezes dolorosos, em função do choque entre as expectativas herdadas e aprendidas e as realidades imprevistas. No entanto, olhando em retrospecto, a partir da segunda década do século XXI, é difícil deixar de notar que, quando somos confrontados com as profundas mudanças provocadas pelo último colapso econômico, cada uma das passagens geracionais anteriores parece o epítome da continuidade intergeracional.

Após várias décadas de expectativas crescentes, os recém-chegados à vida adulta portadores de diplomas universitários estão confrontando expectativas decrescentes – e que diminuem de forma muito profunda e abrupta para que haja alguma esperança de uma descida suave e segura. Havia uma luz ofuscante no fim de cada um dos poucos túneis que seus predecessores podem ter sido forçados a atravessar no curso de suas vidas; agora o que há é um túnel longo e sombrio, apenas algumas luzes piscam, bruxuleiam e se apagam depressa, na vã tentativa de romper as trevas.

Essa é a primeira geração do pós-guerra a defrontar a expectativa da mobilidade descendente. Seus antepassados foram treinados para cultivar a esperança, sustentada na realidade, de que seus filhos teriam melhores expectativas e chegariam mais alto do que eles próprios ousaram atingir; esperavam que a "reprodução intergeracional do sucesso" continuasse batendo seus recordes de maneira tão fácil quanto eles mesmos, ao superar as realizações de seus pais. Gerações de pais costumavam ter a esperança de que seus filhos teriam uma gama de escolhas ainda mais ampla, cada qual mais atraente que a outra. Seja ainda mais instruído, suba ainda mais na hierarquia de ensino e de excelência profissional, seja mais rico e sinta-se ainda mais seguro. Seu próprio ponto de chegada, acreditavam, seria o ponto de partida de seus filhos – e um ponto com um número ainda maior de estradas conduzindo à frente, todas levando para cima.

Os jovens da geração que agora está entrando ou se preparando para entrar no chamado "mercado de trabalho" foram preparados e adestrados para acreditar que sua tarefa na vida é ultrapassar e deixar para trás as histórias de sucesso de seus pais; e que essa tarefa (excluindo-se um golpe cruel do destino ou sua própria inadequação, eminentemente curável) está totalmente dentro de suas possibilidades. Não importa aonde os pais conseguiram chegar, eles chegarão mais longe. Pelo menos é assim que foram ensinados e doutrinados. Nada os preparou para a chegada do novo mundo inflexível, inóspito e pouco atraente, o mundo da degradação dos valores, da desvalorização dos méritos obtidos, das portas fechadas, da volatilidade dos empregos e da obstinação do desemprego; da transitoriedade das expectativas e da durabilidade das derrotas; um novo mundo de projetos natimortos e esperanças frustradas, e de oportunidades mais notáveis por sua ausência.

As últimas décadas foram uma época de expansão ilimitada de toda e qualquer forma de educação superior e de aumento incontrolável no tamanho das coortes de estudantes. Um diploma universitário significava a promessa de bons empregos, prosperidade e glória, um volume de recompensas em crescimento constante para se equiparar às fileiras em contínua expansão dos portadores de diplomas. Com a coordenação entre demanda e oferta aparentemente predeterminada, garantida e quase automática, o poder de sedução da promessa era quase irresistível. Agora, porém, as fileiras de seduzidos estão se transformando, em grande escala e quase da noite para o dia, em multidões de frustrados. Pela primeira vez na memória viva, *toda a categoria dos diplomados* enfrenta uma alta probabilidade, a quase certeza, de só obter empregos ad hoc, temporários, inseguros e em tempo parcial, pseudoempregos de "estagiários" falsamente rebatizados de "treinamento" – todos consideravelmente aquém das habilidades que eles adquiriram, éons abaixo do nível de suas expectativas; ou de um período de desemprego mais longo do que será necessário para que a próxima classe de formandos acrescente seus nomes às listas de espera, já extraordinariamente extensas, dos centros de alocação de mão de obra.

Numa sociedade capitalista como a nossa, equipada em primeiro lugar para a defesa e preservação dos privilégios atuais, e só num distante (e muito menos respeitado ou observado) segundo lugar para melhorar a condição de privação em que vive o resto do mundo, essa turma de formandos, com objetivos elevados, mas recursos escassos, não tem a quem recorrer em busca de ajuda e lenitivo. As pessoas no comando, estejam elas à esquerda ou à direita do espectro político, pegam todas em armas quando se trata de proteger seus robustos eleitorados contra os recém-chegados, que ainda se mostram lentos em flexionar seus músculos ridiculamente imaturos, e talvez protelando qualquer tentativa verdadeira de flexioná-los com seriedade até depois da próxima eleição. O mesmo acontece a todos nós, coletivamente, a despeito das peculiaridades geracionais; tendemos a demonstrar muita avidez para defender nossos confortos das exigências de sustento das futuras gerações.

Ao apontar a "raiva, o ódio mesmo", que se pode observar na turma de formandos de 2010, o cientista político Louis Chauvel, em artigo publicado no *Le Monde* de 4 de janeiro de 2011, sob o título "Os jovens são péssimos partidos", pergunta: quanto tempo vai demorar antes que o rancor do contingente francês de *baby-boomers* enfurecidos pelas ameaças a suas pensões se combine com o da turma de 2010, à qual se negou o direito de ganhar uma pensão? Mas combinar-se para formar o quê? – poderíamos (e deveríamos) perguntar. Uma nova guerra de gerações? Um novo mergulho na belicosidade dos grupos extremistas que cercam um centro cada vez mais desesperançado e abatido? Ou um acordo suprageracional, de que este nosso mundo, notável por usar a duplicidade como arma de sobrevivência e por enterrar vivas as esperanças, não é mais sustentável e precisa de uma renovação já amplamente adiada?

Mas e os formandos que ainda estão por vir? E a sociedade em que terão de assumir, mais cedo do que se imagina, as tarefas que os mais velhos deviam desempenhar e, mal ou bem, o fizeram? Essa sociedade em que eles vão determinar a soma total de habilidades – quer queiram, quer não, seja por ação ou omissão –, o conhecimento, a competitividade, a energia e a coragem, ao lado da capacidade de enfrentar mudanças, para extrair o melhor de si e se autoaperfeiçoar.

Seria prematuro e irresponsável dizer que o planeta como um todo está entrando na era pós-industrial. Mas não seria menos irresponsável negar que a Grã-Bretanha já entrou nessa era algumas décadas atrás. Ao longo do século XX, a indústria britânica compartilhou a sorte da agricultura do país no século anterior – começou o século com uma superpopulação e o deixou despovoado (de fato, em todos os países "mais desenvolvidos" do Ocidente, os trabalhadores industriais constituem agora menos de 18% da população economicamente ativa). O que se tem omitido com muitíssima frequência, contudo, é que, paralelamente aos números referentes à presença dos trabalhadores industriais na força de trabalho nacional, na elite da riqueza e do poder as fileiras dos industriais também encolheram. Continuamos a viver numa sociedade capitalista, mas os capitalistas que dão o tom e aguentam as consequências não são mais proprietários de minas, docas, siderúrgicas ou fábricas de automóveis. Na lista dos americanos mais ricos, correspondendo a 1% da população, apenas um em cada seis nomes pertence a um empresário da indústria; os demais são financistas, advogados, médicos, cientistas, arquitetos, programadores, designers e todos os tipos de celebridade de palcos, telas ou estádios. As maiores fortunas são agora encontradas na manipulação e alocação de finanças e na invenção de novas engenhocas tecnológicas, aparelhos de comunicação e artifícios de marketing e publicidade, assim como no universo das artes e do entretenimento; em outras palavras, em novas ideias, ainda inexploradas, criativas e atraentes. São pessoas com ideias brilhantes (leia-se: vendáveis) que hoje habitam o espaço situado no topo da pirâmide. São essas pessoas as que mais contribuem para o que agora se entende por "crescimento econômico". Os "recursos escassos" básicos de que é feito o capital e cuja posse e gerenciamento fornecem a principal fonte de riqueza e poder são hoje, na era pós-industrial, o conhecimento, a inventividade, a imaginação, a capacidade de pensar e a coragem de pensar diferente – qualidades que as universidades foram convocadas a criar, disseminar e instilar.

Cerca de cem anos atrás, na época da Guerra dos Bôeres, o pânico tomou conta das pessoas preocupadas com a sorte e a prosperidade da nação diante de notícias sobre o amplo e crescente número de recrutas subnutridos, decrépitos de corpo e pobres de saúde, e, por essa razão, física e mentalmente incapacitados para os pátios das fábricas e os campos de batalha. Agora é a hora de pânico diante da perspectiva de crescer o número de pessoas pouco instruídas (pelos padrões mundiais cada vez mais estritos), inadequadas para laboratórios de pesquisa, oficinas de design, salas de conferências, estúdios de arte ou redes de informação, em consequência da redução dos recursos das universidades e do número decrescente de formandos das instituições de alto nível. Os cortes das verbas governamentais destinadas à educação superior conseguem ser ao mesmo tempo cortes nas expectativas existenciais da geração que está se tornando adulta e nos padrões e posição futuros da civilização britânica, assim como no status e no papel da Grã-Bretanha na Europa e no mundo.

Os cortes nas verbas governamentais são acompanhados de aumentos extraordinários, até selvagens, nos preços cobrados pelas universidades. Estamos acostumados a nos alarmar – e a nos enfurecer – com pequenos aumentos percentuais nos custos das passagens de trem, da carne, da eletricidade; tendemos a nos aterrorizar, porém, quando confrontados com um aumento de 300%, sentindo-nos incapazes e desarmados, sem saber realmente como reagir... Em nosso arsenal de armas defensivas, não há nenhuma a que possamos recorrer – como aconteceu recentemente quando bilhões e trilhões de dólares foram injetados de uma só vez pelos governos nas caixas-fortes dos bancos, após décadas de parcimônia e litígios a respeito de poucos milhões deduzidos ou acrescentados aos orçamentos de escolas, hospitais, fundos previdenciários ou projetos de renovação urbana. É difícil imaginar a miséria e a angústia de nossos netos quando despertarem para sua herança de um volume até então inimaginável de dívida nacional exigindo pagamento; ainda não estamos preparados para visualizá-lo, mesmo agora, quando, por cortesia de nosso próprio governo, nos foi oferecida a oportunidade de provar a primeira colherada da bebida amarga que eles, nossos netos, serão forçados a ingerir aos caldeirões. É difícil imaginar hoje o alcance total da devastação social e cultural que tende a se seguir à construção de uma versão monetária do muro de Berlim ou das muralhas da Palestina na entrada dos centros de distribuição do conhecimento. No entanto, precisamos e devemos imaginar – em nome de nosso futuro comum.

Talento, perspicácia, inventividade, audácia – todas essas pedras brutas à espera de polimento e lapidação em diamantes por parte de professores talentosos, perspicazes, inventivos e audaciosos, dentro dos prédios das universidades – espalham-se pela espécie humana de modo mais ou menos equitativo; ainda que sejamos impedidos de percebê-lo por barreiras artificiais erguidas por seres humanos em seu percurso da *zoon*, a "vida nua", para a *bios*, a "vida social". Diamantes brutos não escolhem os veios em que a natureza os coloca nem ligam muito para divisões inventadas pelos seres humanos, embora essas divisões se preocupem em escolher alguns deles para a lapidação e releguem os outros à categoria dos que só poderiam ter tido algum valor – além de fazer o possível para encobrir os vestígios dessa operação. A triplicação das anuidades vai inevitavelmente dizimar as fileiras dos jovens que crescem nos distritos perigosos, caracterizados pela privação social e cultural; mas, ainda assim, suficientemente determinados e audaciosos para bater às portas da oportunidade que as universidades proporcionam – e desse modo privará o restante da nação de sua parte nos diamantes brutos com que jovens como esses costumavam contribuir ano após ano. Como o sucesso na vida, e em particular a mobilidade social ascendente, tende hoje a ser possibilitado, estimulado e impulsionado pelo encontro de conhecimento com talento, perspicácia, inventividade e espírito de aventura, a triplicação das anuidades vai pôr a sociedade britânica pelo menos meio século atrás em seu percurso rumo à eliminação das classes. Apenas algumas décadas depois de sermos inundados de descobertas acadêmicas referentes a um "Adeus à classe", podemos esperar, num futuro nem tão distante, uma inundação de tratados sobre o tema: "Bom retorno, classe. Tudo foi esquecido."

Realmente podemos esperar por isso – e, portanto, sendo as criaturas responsáveis que nós acadêmicos somos e se espera que sejamos, deveríamos nos preocupar com um tipo de dano ainda mais prejudicial do que os efeitos imediatos de colocar as universidades à mercê dos mercados de consumo (que é o que significa a combinação da retirada do patrocínio do Estado com a triplicação das anuidades), em termos de redundância e suspensão ou abandono de projetos de pesquisa, e provavelmente também de uma piora da relação corpo docente/discente, assim como das condições e da qualidade do ensino. Podemos esperar de fato a ressurreição das divisões de classe, já que se criaram razões mais que suficientes para que pais menos abastados pensem duas vezes antes de comprometer seus filhos a assumir mais dívidas em três anos do que eles próprios incorreram em toda sua vida; e que os filhos desses pais, observando seus conhecidos um pouco mais velhos fazer filas diante das agências de emprego, pensem duas vezes sobre o sentido disso tudo – de se comprometerem a três anos de labuta e de pobreza apenas para confrontar um conjunto de opções não muito mais atraentes, afinal, que aquelas com que agora se defrontam.

Bem, bastam alguns minutos e um punhado de assinaturas para destruir o que levou milhares de cérebros, o dobro de mãos e um bocado de anos para construir.

· 9 ·

O jovem como lata de lixo da indústria de consumo*

RICCARDO MAZZEO: Em nosso "mundo de consumidores", além daqueles que, embora de forma mais moderada que seus pares tunisianos ou egípcios, corretamente se rebelaram contra um poder injusto, há muitos jovens que não respeitam absolutamente os adultos, perderam o sentido do princípio observado por Miguel Benasayag e Gérard Schmidt em seu livro sobre "a era das tristes paixões": "autoridade/prioridade", ou seja, o direito de um pai, ou mãe ou professor que viveu um pouco mais tempo neste mundo de ser respeitado pelas crianças.[1] Mais de sessenta anos atrás, Adorno descreveu essa atitude inesperada em seu segundo aforisma de *Minima Moralia*:

> Na sociedade antagonística, até o relacionamento entre gerações é uma relação de competição por trás da qual se oculta a violência óbvia, indisfarçada. Mas hoje estamos começando a retroceder para um estágio que não conhece o complexo de Édipo, somente o parricídio. A eliminação das pessoas muito velhas é um dos delitos do nazismo. ... Devemos observar com terror que, muitas vezes, ao nos colocarmos contra nossos pais como representantes

---

* Texto publicado originalmente no livro *Isto não é um diário* (Zahar, 2012, p.184-8), com o título "Sobre o que fazer com os jovens".

do mundo, já somos, inconscientemente, os porta-vozes de um mundo ainda pior.²

O fenômeno da "pedofobia" está cada vez mais difundido, e mais de metade das pessoas tem medo de sofrer abusos físicos de seus filhos adolescentes.

ZYGMUNT BAUMAN: "Vistos cada vez mais como outro encargo social, os jovens não estão mais incluídos no discurso sobre a promessa de um futuro melhor. Em lugar disso, agora são considerados parte de uma população dispensável, cuja presença ameaça evocar memórias coletivas reprimidas da responsabilidade dos adultos." Assim escreve Henry A. Giroux num ensaio de 3 de fevereiro de 2011 sob o título "A juventude na era da dispensabilidade".³

De fato, os jovens não são plena e inequivocamente dispensáveis. O que os salva da dispensabilidade total – embora por pouco – e lhes garante certo grau de atenção dos adultos é sua real e, mais ainda, potencial contribuição à demanda de consumo: a existência de sucessivos escalões de jovens significa o eterno suprimento de "terras virgens", inexploradas e prontas para cultivo, sem o qual a simples reprodução da economia capitalista, para não mencionar o crescimento econômico, seria quase inconcebível. Pensa-se sobre a juventude e logo se presta atenção a ela como "um novo mercado" a ser "comodificado" e explorado. "Por meio da força educacional de uma cultura que comercializa todos os aspectos da vida das crianças, usando a internet e várias redes sociais, e novas tecnologias de mídia, como telefones celulares", as instituições empresariais buscam "imergir os jovens num mundo de consumo em massa, de maneiras mais amplas e diretas que qualquer coisa que possamos ter visto no passado". Um estudo recente, orientado pela Kaiser Family Foundation, descobriu que

> jovens dos oito aos dezoito anos gastam agora mais de sete horas e meia por dia com smartphones, computadores, televisores e outros

instrumentos eletrônicos, em comparação com as menos de seis horas e meia de cinco anos atrás. Quando se acrescenta o tempo adicional que os jovens passam postando textos, falando em seus celulares ou realizando múltiplas tarefas, tais como ver TV enquanto atualizam o Facebook, o número sobe para um total de onze horas de conteúdo de mídia por dia.

Pode-se prosseguir acrescentando sempre novas evidências a essas reunidas por Giroux: um volume crescente de evidências de que "o problema dos jovens" está sendo considerado clara e explicitamente uma questão de "adestrá-los para o consumo", e de que todos os outros assuntos relacionados à juventude são deixados numa prateleira lateral – ou eliminados da agenda política, social e cultural.

De um lado, como já observei alguns dias atrás, as sérias limitações impostas pelo governo ao financiamento de instituições de ensino superior, acopladas a um aumento também selvagem das anuidades cobradas pelas universidades (de fato, o Estado decidiu lavar as mãos da obrigação de "educar o povo", de forma gritante no caso das áreas "de ponta" ou de excelência, mas também, de modo um pouco menos direto – como mostra a ideia de substituir as escolas secundárias administradas pelo Estado por "academias" dirigidas pelo mercado de consumo –, nos níveis destinados a determinar o volume total de conhecimento e habilidades que a nação tem à sua disposição, assim como sua distribuição entre as categorias populacionais), são testemunhas da perda de interesse na juventude como futura elite política e cultural da nação. Por outro lado, o Facebook, por exemplo, assim como outros "sites sociais", está abrindo novíssimas paisagens para agências que tendem a se concentrar nos jovens e a tratá-los basicamente como "terras virgens" à espera de conquista e exploração pelo avanço das tropas consumistas.

Graças à despreocupada e entusiástica autoexposição dos viciados em Facebook a milhares de amigos e milhões de *flâneurs* on-line, os gerentes de marketing podem atrelar ao carro de Jagrená* consumista vontades e desejos mais íntimos e aparentemente mais "pessoais" e "singulares", articulados ou semiconscientes – já efervescentes ou apenas potenciais; o que irá pipocar nas telas alimentadas pelo Facebook será agora uma oferta *pessoal*, preparada, enfeitada e afiada com cuidado, "especialmente para você" –, oferta que você não pode recusar por ser incapaz de resistir à tentação; afinal, é aquilo de que você sempre precisou: ela "ajusta-se à sua personalidade única" e "faz uma declaração" nesse sentido, a declaração que você sempre quis fazer, mostrando ser a personalidade única que você é. Trata-se de uma verdadeira ruptura nos destinos do marketing.

Sabe-se muito bem que a parte do leão do dinheiro gasto com marketing é consumida pelo esforço superdispendioso de determinar, instilar e cultivar nos potenciais compradores desejos adequados para se transformar na decisão de obter determinado produto oferecido. Certo Sal Abdin, consultor de marketing que atua na rede, aprehende a essência da tarefa a ser confrontada quando dá o seguinte conselho aos adeptos da arte do marketing:

> Se você vende perfuratrizes, escreva um artigo sobre como fazer melhores buracos, e obterá muito mais ordens de venda que apenas divulgando informações sobre seus aparelhos e suas especificações. Por que isso funciona? Porque ninguém que tenha comprado uma perfuratriz queria uma perfuratriz. Queria um buraco. Ofereça informações sobre como fazer buracos e terá muito mais sucesso. Se estiver vendendo um curso sobre como perder peso, venda os benefícios de ser magro, mais saudável, sentir-se melhor, a alegria de comprar roupas, a reação do sexo oposto. ... Você sabe o que estou dizendo? Venda os benefícios do produto, e este se venderá por si mesmo quando os compradores chegarem à página de vendas.

---

* O carro de Jagrená (no hindu, *Jagannāth*, "senhor do mundo") transporta anualmente um ídolo de Krishna pelas ruas; sob suas rodas se atiram seguidores que são por ele esmagados. Bauman refere-se aqui à metáfora criada por Anthony Giddens para caracterizar a modernidade (Anthony Giddens, *As consequências da modernidade*, São Paulo, Unesp, 1991). (N.T.)

Mencione suas características, mas enfatize o que ele pode fazer pelo comprador para tornar sua vida melhor, mais fácil, rápida, feliz, exitosa. ... Pegou a ideia?[4]

Não é a promessa de uma vida fácil, com certeza. Nem de um caminho curto, suave e rápido em direção ao alvo, que é o encontro entre um cliente desejoso de comprar e um produto querendo ser comprado. Desenvolver um desejo por buracos bem-feitos e vinculá-lo à perfuratriz que promete fazê-los talvez não seja uma tarefa impossível, mas vai levar tempo e grande dose de habilidade para estabelecê-lo na imaginação do leitor e erguê-lo ao topo de seus sonhos. O encontro desejado sem dúvida vai acontecer, mas o caminho que leva a esse glorioso momento de realização é longo, árduo e espinhoso; sobretudo não há garantia de atingir destino até que se chegue lá. Além disso, a estrada precisa ser bem-pavimentada e larga o bastante para acomodar um número desconhecido de caminhantes, embora o número dos que resolvem trilhá-la talvez não justifique o enorme custo de torná-la tão ampla, agradável de andar, tentadora e convidativa.

É por isso que chamei a oportunidade do Facebook de "uma verdadeira ruptura". É uma chance de fazer nada menos que cortar do orçamento de marketing os custos da construção da estrada – ou quase. Tal como no caso de tantas outras responsabilidades, ela passa a tarefa de desenvolver os desejos dos clientes potenciais, dos gerentes (de marketing) para os próprios clientes. Graças ao banco de dados que os usuários do Facebook constituem de forma voluntária (de graça!) e ampliam a cada dia, as ofertas do marketing podem agora identificar consumidores já "preparados", sazonados e maduros, e os tipos certos de desejo (que, portanto, não precisam mais de palestras sobre a beleza dos buracos); podem alcançá-los sob um disfarce duplamente atraente – lisonjeiro, além de bem-vindo – oferecendo uma bênção que é "só sua, feita para você, para atender às suas necessidades próprias e pessoais".

Só uma pergunta vazia para tempos vazios: talvez a última barreira entre a juventude e sua destituição seja a capacidade recém-descoberta e possibilitada de servir como local de armazenamento dos excessos da indústria de consumo em nossa era de removibilidade?

· 10 ·

O esforço para melhorar a compreensão mútua é uma fonte prolífica de criatividade humana

RICCARDO MAZZEO: Acabei de ler a entrevista que você concedeu à revista mensal italiana *E*, onde diz que os turcos que vivem na Alemanha "amam o novo país, desejam viver no sistema alemão, mas apenas 'ponderam' a possibilidade de se tornar alemães", e não pude deixar de lembrar de um artigo, um mês atrás, do correspondente em Berlim do *Corriere della Sera*, que contou a seguinte história. Um grupo de famílias alemãs começou a gritar ao ver uma família turca fazendo um churrasco num jardim e a obrigou a acabar com aquilo imediatamente, aborrecido com o cheiro da comida. Essas famílias alemãs acamparam a cinco metros de distância e ficaram nuas para aproveitar o sol, como os autóctones normalmente fazem. Pode-se imaginar a raiva do pai turco e a perplexidade da mãe e da filha diante dessa ofensa a seu recato. Em seu livro mais recente, *La vie en double: ethnologie, voyage, écriture*, Marc Augé descreve como tarefa da antropologia a capacidade de abordar não apenas as populações extraeuropeias, mas também "a enganosa complexidade do mundo ocidental". Mesmo o que parece "natural" é de fato uma construção cultural e varia em diferentes contextos, épocas e tradições. Esse tipo de pensamento é subversivo porque nega a existência de verdades absolutas, e consequentemente a legitimidade de toda forma de poder. Augé compara o antropólogo ao herói do famoso romance de Stendhal, *La chartreuse de Parme*, Fabrizio del Dongo, que em meio à Batalha de Waterloo não consegue compreender o que está se passando. O mesmo ocorre com o antropólogo que tem uma visão limitada e não pode apreender a batalha que envolve todo o planeta; isso é especialmente válido para os chefes de governo da Grã-Bretanha e da Alemanha, David Cameron e Angela Merkel, que anunciam a morte do multiculturalismo a partir da perspectiva estreita de sua relutância em explorar e dar uma chance a modos de coexistência diferentes do modelo, não mais aplicável, da assimilação.

Acho que o lento processo em direção a uma nova e respeitosa forma de coexistência não pode partir de nossos políticos, os quais, como você explicou de forma admirável em suas respostas anteriores, estão concentrados demais na manutenção de seus privilégios; deve vir do efervescente e borbulhante laboratório das inter-relações entre os jovens.

Zygmunt Bauman: A arte de transmitir informações de uma cultura para outra é algo sobre o qual os antropólogos têm pensado há muito tempo e com muito afinco – sem que até agora tenham encontrado um método comprovado, sem riscos nem defeitos. O máximo que conseguiram foram receitas de como proceder, mas não garantias seguras de chegada. A completa "fusão de horizontes", que na visão de Hans-Georg Gadamer, é condição sine qua non de uma compreensão segura, é uma possibilidade distante, talvez inalcançável. A prática da comunicação intercultural é cheia de armadilhas, e as incompreensões são a regra, não a exceção, pois não existe um par de idiomas culturais que possa ser plenamente traduzido de um para o outro: para que uma mensagem seja totalmente entendida pelo receptor, precisa, de certa forma, ser ajustada a seu arcabouço mental, e portanto distorcida; se retiver sua forma prístina, deverá se limitar a ser apenas parcialmente compreendida. De qualquer forma, essa é a situação do jogo até agora – sem dúvida um incômodo, mas, em minha opinião, não uma tragédia, pois de alguma forma conseguimos, apesar de tudo, nos comunicar transculturalmente; e, o que é ainda mais importante, porque os extenuantes esforços para melhorar nossa compreensão mútua se mostraram, embora condenados (ou graças a isso), uma fonte prolífica de criatividade cultural.

Das muitas variedades de conselhos sobre "como proceder", permita-me destacar a concepção de Norbert Elias de "engajamento e distanciamento", sugerindo que o esforço em prol da compreensão mútua precisa manobrar entre os extremos da identificação completa com o Outro e a distinção plena em relação a ele, permanecendo sempre cauteloso em não se aproximar demais de um dos extremos. Ou outro estratagema, o de "submeter-se e apoderar-se", promovido por Kurt Wolff: inserir-se o mais profundamente possível em outra cultura, impregnar-se do que ela tenha de singular e trazer o rico espólio para casa. Mas ambas as receitas, quase da mesma forma que a "observação participante" de Bronislaw Malinowski, iniciam na (e procedem da) premissa de uma divisão estrita entre pesquisador e pesquisado, sujeito e objeto do encontro intercultural: eu, o antropólogo, pretendo adquirir conhecimento de como vive o outro lado – enquanto permaneço cego à presença ou ausência de progresso na compreensão desse outro lado sobre como eu e as pessoas em minha terra de origem vivemos. A grande questão é, evidentemente, se tais instruções unidirecionais têm alguma utilidade em outros casos que não uma única visita de um antropólogo a uma ilha exótica, ou se podem servir às necessidades da convivência e cooperação permanentes entre diferentes culturas.

Para responder a essa pergunta, mesmo que de forma preliminar, permita-me citar a experiência de Frank Cushing, um genuíno pioneiro da prática da "observação participante" *avant la lettre*, trinta anos antes do exílio de Malinowski nas ilhas Trobriand (Malinowski, cidadão austro-húngaro, foi surpreendido na Austrália pelo início da Primeira Guerra Mundial e imediatamente deportado como inimigo estrangeiro para longe daquele país). Cushing viveu entre 1879 e 1884 entre os índios da tribo Zuni. Antropólogo arguto, dedicado e consciente, fez o melhor que pôde para penetrar de forma cada vez mais profunda no *Lebenswelt* (o "mundo da vida") da tribo; mas se viu frustrado (de fato, a ponto do desespero) pelo sentimento de que, não importa o que fizesse para transmitir suas descobertas aos antropólogos de uma forma que estes fossem capazes de apreender, estava sendo injusto com os significados atribuídos pelos Zuni. Cushing foi além de qualquer antropólogo anterior, e da maioria depois dele, no que se refere a "participar" da forma de vida dos nativos. Acabou sendo aceito pelos Zuni como "um deles" – feito inédito confirmado por sua promoção a sacerdote do culto do Arco-Íris, o objeto supremo de adoração dos Zuni. Depois disso, contudo, diz a história, ele não tinha mais nada a dizer aos colegas antropólogos. Como "um dos Zuni", ele se transformara de sujeito em objeto de pesquisa antropológica. Cushing dedicou o resto da vida à promoção da ideia de "antropologia recíproca", implicando a bidirecionalidade do encontro e a reciprocidade do estudo; em última instância, a igualdade dos dois lados numa situação de aprendizagem e ensino simultâneos, cada lado explorando o outro ao mesmo tempo que é explorado. Isso, creio eu, é o que é realmente relevante no contexto em que nós, os leigos, nos tornamos conscientes das incompreensões em nossas vidas cotidianas, cônscios de que a comunicação entre culturas (incluindo culturas de tendência geracional) cria um "problema" que precisa ser resolvido e exige uma solução para o dilema.

De modo que estamos de volta a Gadamer. E a seu veredicto de que o alvo final da "fusão de horizontes" é tão desejável e digno de se possuir quanto improvável e talvez impossível de se alcançar.

· 11 ·

Os desempregados sempre podem jogar na loteria, não podem?

RICCARDO MAZZEO: Por volta do final do ano, seu colega Anthony Giddens criticou o aumento das anuidades, dizendo que essa decisão iria transformar a universidade num supermercado, e que não era apenas eticamente injusta, mas também economicamente contraproducente, pois impedia estudantes pobres inteligentes de frequentar a universidade, o que significaria perdas inconcebíveis para a sociedade como um todo. Sua análise desse fenômeno é mais radical e abrangente, de modo que seria inútil comparar essas duas visões do problema. Há somente um aspecto nesse assunto que eu gostaria de submeter ao seu exame: Giddens diz que o fato de estarem pesadamente endividados com o Estado vai orientar os estudantes para faculdades que garantam grandes lucros após a graduação, e na maioria eles tentarão se tornar gerentes, bancários, advogados e engenheiros, em detrimento dos estudos clássicos.

Em seu livro *Not for Profit: Why Democracy Needs the Humanities*, Martha Nussbaum defende a educação liberal, comparando particularmente os sistemas educacionais dos Estados Unidos e da Índia, e Tullio De Mauro, na introdução à edição italiana do livro, enfatiza a complexidade do que tendemos a chamar de "escola" ou "educação". Assim, enquanto nos Estados Unidos prevalece uma visão simplificada, mecânica, da relação entre escola e desenvolvimento econômico (numa citação de Robert J. Samuelson na *Newsweek*: "Os americanos têm uma fé extravagante na capacidade da educação para resolver todos os tipos de problemas sociais"), com os estudantes preferindo regularmente as ciências exatas, e Áustria, Dinamarca, França, Alemanha, Reino Unido, Bélgica, Irlanda e Portugal cada vez mais são afetados por uma retração dos estudos clássicos, em outros países a relação com as ciências humanas continua viva e florescente. Na Índia, a base clássica da educação fez nascer grandes matemáticos e economistas; na China, os textos clássicos são estudados sistematicamente; no Japão, o aprendizado dos ideogramas chineses (o grego deles) é obrigatório; em Israel, o hebraico bíblico tem sido o ponto de partida para o nascimento e a difusão do neo-hebraico.

Acho que a busca de uma aprendizagem meramente técnica ou científica, esquecendo os horizontes mais amplos e mais ricos singularmente oferecidos pela educação clássica, histórica e filosófica, é (nas palavras de De Mauro) "incompleta e infrutífera"; tal como é estéril e perigoso acreditar que se pode dominar o mundo todo graças à internet quando não se tem uma cultura que possibilite descobrir e separar a boa da má informação.

ZYGMUNT BAUMAN: As mais prestigiosas instituições acadêmicas, responsáveis por emitir os diplomas de maior prestígio – instituições que têm sido generosas em conceder privilégios sociais ou compensar a privação social –, ano após ano, passo a passo, de modo consistente e incansável, estão se afastando do mercado "social" e se distanciando das massas de jovens cujas esperanças de obter recompensas reluzentes elas próprias incitavam e inflamavam. Como nos diz William D. Cohan no *New York Times* de 16 de março de 2011, o preço das anuidades e outros encargos na Universidade Harvard subiram 5% ao ano nos últimos vinte anos. Em 2012, chegou a 52 mil dólares.

> Falando de maneira geral, só para pagar a anuidade de Harvard, a pessoa precisaria ganhar mais de 100 mil dólares por ano, desconta-

dos os impostos. E há todas as outras despesas com a família – entre elas, gasolina, hipoteca, comida e despesas médicas. ... Com muita rapidez os números se tornam astronômicos.

E, no entanto, dos 30 mil candidatos a Harvard no ano passado, só 7,2% foram admitidos. A demanda por vagas tem sido – ainda é – alta. Ainda há milhares de casais para os quais as anuidades, embora exorbitantes, não constituem obstáculo, e é apenas uma questão de rotina que seus filhos frequentem Harvard ou outro estabelecimento acadêmico de elite – o exercício de um direito adquirido e a realização de um dever de família, o último retoque antes de se ocupar um lugar legítimo na elite econômica do país. E ainda há outros milhares de casais prontos a qualquer sacrifício financeiro possível para ajudar seus filhos a se juntar à elite, assumindo, desse modo, uma expectativa legítima de que seus netos venham a ocupar essa posição. Para estes, gravemente feridos em suas ambições paternas e em sua confiança no "sonho americano" quando as universidades se afastaram de seu papel imputado ou proclamado de promotoras de mobilidade social, Cohan tem palavras de consolo. Ele insinua que talvez "os melhores e mais brilhantes de nós sempre arranjem uma forma de alcançar seu inevitável nível de excelência, *com ou sem o benefício de uma educação tradicional*" (grifos nossos). Para essa promessa parecer plausível e viável, ele acrescenta uma lista do número impressionante e em rápido crescimento de novos bilionários que são todos, sem exceção, evadidos do sistema escolar. Bem, quando não mais se oferece um emprego industrial seguro, os desempregados sempre podem jogar na loteria, não podem?

Um diploma de alto nível de uma universidade de alto nível foi por muitos anos o melhor investimento que pais amorosos faziam por seus filhos e pelos filhos deles. Ou pelo menos era o que se acreditava. Essa crença, como tantas outras que se combinaram no sonho americano (e não só americano) de portas escancaradas a todas as pessoas trabalhadoras determinadas a empurrá-las e mantê-las abertas, agora foi abalada. O mercado de trabalho para portadores de credenciais de educação superior hoje está encolhendo – talvez mais depressa até do que o mercado para os que não têm diplomas universitários que aumentem seu valor de mercado. Atualmente, não são apenas as pessoas que não conseguiram fazer o tipo certo de esforço e sacrifício que encontram as portas – *previsivelmente* – fechadas na cara; pessoas que fizeram tudo que acreditavam necessário para o sucesso estão se vendo – embora no seu caso *inesperadamente* – em situação bastante semelhante, obrigadas a retornar de mãos vazias. Trata-se, na verdade, de outro jogo, totalmente novo, como dizem os americanos.

A promoção social por meio da educação serviu por muitos anos como folha de parreira para a desigualdade nua e imoral das condições e expectativas humanas; enquanto as realizações acadêmicas correspondiam a recompensas sociais atraentes, as pessoas que não conseguiam ascender na pirâmide social tinham apenas a si mesmas para culpar – e só a si mesmas como alvo de sua amargura e indignação. Afinal (assim insinuava a promessa da educação), os melhores lugares estavam reservados para as pessoas que trabalhassem melhor, e a boa sorte vinha para as que forçavam a sorte boa pelo aprendizado diligente e pelo suor do rosto; se a má sorte foi sua sina, seu aprendizado e seu trabalho obviamente não foram tão bons quanto deveriam. Essa apologia da desigualdade crescente e persistente hoje soa quase vazia; mais vazia ainda do que teria soado sem as estrondosas proclamações do advento da "sociedade do conhecimento", um tipo de sociedade em que o conhecimento se torna a fonte básica da riqueza nacional e pessoal, e em que aos possuidores e usuários do conhecimento se concede, de modo correspondente, a parte do leão dessa riqueza.

O choque provocado pelo novo fenômeno (que logo se amplia) do desemprego de pessoas diplomadas, ou seu emprego em condições muito abaixo de suas expectativas (que se proclamavam legítimas), é um golpe doloroso não apenas para a minoria de escaladores fervorosos, mas também para categoria muito mais ampla de pessoas que sofreram humildemente seu destino desestimulante, entorpecidas pela vergonha de perder as oportunidades oferecidas em abundância às que eram menos indolentes do que elas. É difícil dizer se os efeitos sobre a primeira ou a segunda categoria causarão mais prejuízos sociais; mas em conjunto, aparecendo simultaneamente, eles formam uma mistura bem explosiva. Pode-se até imaginar um bom número de pessoas lá do topo dando de ombros ao ler a sombria advertência e previsão de Cohan: "Uma lição a ser aprendida com os recentes distúrbios no Oriente Médio, especialmente no Egito, é que um grupo de pessoas (que vem sofrendo há muito tempo) altamente instruídas, porém desempregadas, pode ser o catalisador de uma mudança social procrastinada."

Você pensa que essa é só mais uma idiossincrasia americana? É bem possível que pense, já que uma das características mais notórias do "sonho americano" é a crença de que nos Estados Unidos podem acontecer coisas que em outras terras seriam mais ou menos inimagináveis. Para descartar essa concepção equivocada, vamos dar um pulo de alguns quilômetros para o leste do Éden: para a Polônia, um país que nas duas últimas décadas tem vivenciado um aumento exorbitante no número de estabelecimentos de ensino superior, assim como no de alunos e graduados, mas também nos custos da educação – ao lado de um aumento igualmente espetacular na polarização de renda e na desigualdade social em geral. O que se segue é um punhado de exemplos de um número extraordinário de casos similares, tal como relatados na edição de 19 de março de 2011 do principal jornal polonês, *Gazeta Wyborcza*.[1]

Dois anos atrás, Agnieszka diplomou-se em finanças e assuntos bancários. Suas incontáveis cartas com pedidos de emprego permaneceram sem resposta. Depois de mais de um ano de esforços em vão e de um desespero cada vez mais profundo, uma amiga arranjou-lhe um emprego como recepcionista. Entre suas tarefas nada empolgantes está a de reunir diariamente os currículos de outros diplomados que se destinam a permanecer, como ela, sem resposta. Tomek, formado em outra faculdade de prestígio, não teve a sorte de Agnieszka e foi obrigado a aceitar o emprego de vigia de uma propriedade por um salário equivalente a US$ 280 por mês. Seu colega da mesma cerimônia de formatura está determinado a aceitar qualquer emprego se, dentro dos próximos meses, nada remotamente relacionado com suas habilidades adquiridas e atestadas cruzar seu caminho. Considerando-se tudo isso, mais e mais portadores de diplomas universitários os estão colocando de lado, junto com lembranças da família, e aceitando empregos que não exigem muita qualificação, como mensageiros, vendedores de lojas, motoristas de táxi e garçons (estes últimos, com a promessa de engordar os magros salários com as gorjetas dos clientes, estão se tornando os mais populares).

Numa reportagem intitulada "Pas de rentrée pour les 'Nis-Nis'", o *Le Monde* conta a história de Yetzel Decerra, de dezessete anos, que mora com os pais no norte do México e é um dos ativistas do Movimento dos Excluídos do Ensino Superior, fundado em 2006.[2] "Não há lugar para mim na educação pública, não há dinheiro para estudar numa faculdade privada e não há emprego", diz Decerra sobre sua condição e a de centenas de milhares de companheiros na miséria. As universidades mantidas pelo Estado são de padrão muito elevado, mas são poucas e dispersas (dos 122.750 candidatos à Universidade Nacional Autônoma do México este ano, só 10.300 obtiveram uma vaga; em escala nacional, só um em cada três candidatos pode contar com a admissão). Dos 28 milhões de mexicanos entre quinze e 21 anos, 19 milhões não frequentam nenhuma instituição educacional, enquanto 7,5 milhões em vão procuram emprego. O Movimento dos Excluídos de Decerra está lutando por vagas na universidade para 200 mil jovens sem recursos que estão ávidos por estudar.

Do Hudson ao Vístula, passando pela Cidade do México, as visões e os sons são semelhantes; o mesmo ruído ensurdecedor de portas fechadas e trancadas, o mesmo quadro desconcertante com pilhas crescentes de esperanças frustradas. Em nossas sociedades com economias supostamente qualificadas pelo conhecimento e orientadas pela informação, com o sucesso econômico orientado pela educação, o conhecimento parece ter deixado de garantir o sucesso, e a educação já não provê esse conhecimento. Está começando a evaporar a visão de uma mobilidade social ascendente orientada pela educação, neutralizando as toxinas da desigualdade e tornando-as suportáveis e inofensivas; e, simultaneamente, o que é ainda desastroso, rarefaz-se a visão da educação como algo capaz de manter em operação a mobilidade social ascendente. Sua dissipação significa um problema para a educação tal como a conhecemos. Mas também significa um problema para a desculpa favorita e comumente usada em nossa sociedade no esforço de justificar suas injustiças.

Milan Kundera admiravelmente observou que a unificação da humanidade consistiu até agora em não ter para onde escapar. Quanta verdade. Talvez isso seja mais verdadeiro para os jovens – o único ponto de apoio da humanidade na terra do futuro – do que para qualquer outro. De toda forma, alguns observadores franceses estão se apressando em anunciar a chegada da geração "Ni-Ni" (nem emprego nem educação) – talvez a primeira geração realmente global.

Xavier Darcos, ministro da Educação da França entre 2007 e 2009, anunciou uma grande reforma educacional prometendo "uma nova liberdade para as famílias" e favorecendo a "igualdade de oportunidades", e assim ampliando "a diversidade social nas faculdades e nos liceus".[3] Alguns anos depois, dois inspetores-gerais de escola descobriram que nos estabelecimentos educacionais de ponta havia poucos alunos de recursos modestos, enquanto os das categorias privilegiadas tinham desaparecido. A "mistura social" dos alunos está em recesso por toda parte, como resultado conjunto do *embourgeoisement* das escolas "de prestígio" e da proletarização das escolas comuns. O mesmo ocorreu com os demais objetivos declarados da reforma. Tendo analisado o projeto de reforma educacional ponto a ponto, o autor do resumo, Pierre Merle, professor de sociologia na University of Brittany, concluiu que as palavras usadas nos títulos dos sucessivos capítulos (igualdade de oportunidades, mistura social, superação do analfabetismo, ajuda a crianças com dificuldades de aprendizado, retificação das prioridades educacionais) tinham sido mal-empregadas. Os resultados foram exatamente o oposto das intenções declaradas. Claramente, elas não podiam ser enquadradas na lógica do mercado, o qual se esperava que operasse a reforma.

· 12 ·

Incapacidade, anormalidade e minoria como problema político

RICCARDO MAZZEO: Martha Nussbaum foi uma das primeiras vozes da filosofia a expressar o valor ético de garantir plena dignidade às pessoas com deficiência. Dario Ianes é o intelectual italiano que, mais que qualquer outro, tem contribuído, por meio do ensinamento, dos livros e de outras atividades (foi membro da comissão ministerial italiana para a inclusão escolar, mas não no governo Berlusconi), para ajudar pessoas com deficiência ou necessidades especiais. Um de seus trinta livros, *A especial normalidade*, foi traduzido no exterior, em alemão e português, e gostaria de citar uma passagem de seu texto:

> Quero fazer as mesmas coisas que todo mundo faz. Só um estudante com deficiência poderia expressar numa frase, numa fórmula cristalina, o múltiplo significado de normalidade. Quero fazer as mesmas coisas que todo mundo faz primeiramente porque tenho os mesmos direitos. Quero fazer o mesmo que todo mundo faz porque essa é uma necessidade profunda. Ser capaz de fazer a mesma coisa que todo mundo faz é um direito, mas também um modo de fomentar o desenvolvimento social – quero fazer as mesmas coisas que você faz também em seu benefício, por você, para colaborar com o crescimento e a coesão de nosso grupo.

Portanto, normalidade significa igual valor. Normalidade significa, antes de tudo, *igualdade de direitos* – a normalidade como o igual valor de cada um e como direitos iguais, independentemente das condições pessoais e sociais. O igual valor de cada indivíduo é o alicerce do direito italiano, começando pela Constituição. Nossa legislação reconhece a igualdade de valores, direitos e oportunidades de todos os cidadãos, e se compromete a remover todos os obstáculos que impedem a autorrealização do indivíduo.

Mesmo omitindo-se o fato de que pessoas ilustres e extremamente inteligentes como Robert J. Sternberg (ex-presidente da Associação Americana de Psicologia) ou Massimo Recalcati (o mais importante seguidor italiano de Jacques Lacan, que desenvolveu uma teoria a partir de muitas ideias instigantes e, ao contrário de Lacan, é capaz de tornar seus trabalhos inteligíveis) foram consideradas "crianças retardadas" na escola primária e provavelmente teriam se perdido para sempre, não fosse a ajuda sensível de professores extraordinários, o que você acha da inclusão escolar de pessoas com dificuldades?

ZYGMUNT BAUMAN: "Normalidade" é um nome ideologicamente forjado para designar a maioria. Que mais significa ser "normal" além de pertencer à maioria estatística? E que mais significa "anormalidade" senão pertencer a uma minoria estatística? Falo de maiorias e minorias porque a ideia de normalidade presume que algumas unidades de um agregado não se ajustam à "norma"; se 100% das unidades portassem as mesmas características, dificilmente surgiria a ideia de "norma". Portanto, as ideias de "norma" e "normalidade" presumem uma dessemelhança: a divisão do agregado numa maioria e numa minoria, em "a maior parte" e "alguns". A "forja ideológica" que mencionei refere-se a sobrepor o "deve ser" ao "é"; não apenas certo tipo de unidades compõe a maioria, mas elas são "como deveriam ser", "corretas e adequadas"; inversamente, os que carecem dos atributos em questão são "o que não deveriam ser", "errados e inadequados". A passagem de "maioria estatística" (uma declaração de fato) para "normalidade" (uma decisão avaliativa) e de "minoria estatística" para "anormalidade" atribui uma diferença de qualidade à diferença numérica: estar na minoria implica inferioridade. Quando uma diferença de qualidade se sobrepõe à diferença numérica e é aplicada às relações inter-humanas, as diferenças de força numérica são recicladas no fenômeno (tanto presumido quanto praticado) da *desigualdade social*. A questão da "normalidade versus anormalidade" é a forma como o tema da "maioria versus minoria" é absorvido, domesticado e depois confrontado na construção e preservação da *ordem social*.

Suspeito, portanto, que "deficiência" e "invalidez", substantivos associados a "anormalidade" (um pouco mais, embora não de todo, "politicamente correto"), usados em referência ao tratamento de minorias humanas como inferiores, são parte de uma questão mais ampla, a da "maioria versus minoria" – e assim, em última instância, de um problema *político*. Esse problema concentra-se na defesa dos direitos das minorias, que os atuais mecanismos democráticos, baseados como o são na fusão de pertencer a uma *maioria* com o direito de tomar decisões cujo cumprimento é obrigatório para *todos*, parecem incapazes de confrontar, administrar e resolver de modo definitivo (e provavelmente não têm nenhum interesse particular nisso).

Em "A terra dos cegos", famoso conto de H.G. Wells, essa questão é apresentada e habilmente explorada: numa sociedade de cegos, será que o homem de um olho só seria o rei? Era essa a expectativa da pessoa que vagava pelo vale para escapar da sociedade das pessoas com dois olhos, onde ter apenas um era visto como falha aviltante. Se ele de fato se tornasse rei ao procurar a companhia dos cegos, o pressuposto subjacente de nossa sociedade – de que a superioridade da visão sobre a cegueira é um veredicto da natureza e não uma criação social – seria endossado, reforçado e talvez "provado". Mas não foi assim. O estranho de um olho só não foi aclamado o rei a ser adorado e obedecido, mas classificado como um monstro a ser abominado e escorraçado! Diante da "normalidade" feita sob medida pelos habitantes do vale, que por acaso eram cegos, ele – o homem com um olho só – portava uma anormalidade ameaçadora. O que mostra que a anormalidade não parece repelente e assustadora em função de sua inerente inferioridade, mas por se chocar com a ordem construída de acordo com necessidades, hábitos e expectativas dos "normais" – ou seja, da maioria. No geral, a discriminação contra o "anormal" (quer dizer, a condição de minoria) é uma atividade destinada a defender e preservar a ordem, uma criação sociocultural.

Em sua famosa história contada em dois volumes, *Ensaios sobre a cegueira* e *Ensaios sobre a lucidez*, José Saramago desenvolveu ainda mais esse tema. No primeiro volume, uma cegueira inexplicável aflige toda a população de uma cidade, com exceção de uma mulher. Nessa minoria constituída de uma pessoa, os horrores da nova "norma", suspendendo e invalidando todas as regras da antiga ordem, são agora concentrados e ampliados nas mentes aterrorizadas da maioria cega à condição de causa importante, talvez até principal, de suas misérias. No segundo volume, a cidade recuperou-se plenamente da praga da cegueira, mas é afligida por uma tragédia igualmente inexplicável do ponto de vista da ordem: a indisposição do eleitorado em comparecer às urnas e aderir ao jogo da democracia, o modelo de ordem atualmente imposto. Todas as forças da polícia secreta são mobilizadas para caçar, encontrar e constranger aquela única mulher que, em tempos de cegueira, não conseguiu perder o poder da visão. Uma vez anormal, sempre anormal; não uma ameaça a determinada ordem, mas à ordem em si. É, no final das contas, uma questão de ordem.

A ordem é feita sob medida para a maioria, de modo que aqueles que são relativamente poucos e não se dispõem a obedecê-la constituem uma minoria fácil de desvalorizar como um "desvio marginal" – e portanto fácil de identificar, localizar, desarmar e subjugar. Selecionar, identificar e excluir a "margem da anormalidade" é um resultado necessário do processo de construção da ordem e um custo inevitável de sua perpetuação. Essa é uma verdade repulsiva, dolorosa e intragável, mas, não obstante, uma verdade. O mundo habitado é estruturado para se tornar hospitaleiro – conveniente e confortável – para seus habitantes "normais": as pessoas que compõem a maioria. Exige-se que os carros sejam equipados com faróis e buzinas para avisar sobre sua aproximação – engenhocas que não têm utilidade para os cegos e os surdos. As escadas, destinadas a facilitar a chegada a lugares altos, não ajudam as pessoas confinadas a cadeiras de rodas. Em minha idade avançada, já perdi muito de minha audição, de modo que não ouço mais o toque de telefones ou campainhas.

Até agora todos os exemplos foram vinculados a deficiências corporais, que, numa sociedade solidária, poderiam ser eliminadas por recursos da medicina ou aliviadas, em sua ausência, por implementos tecnológicos capazes de funcionar como "extensões" do corpo humano e/ou substitutos das faculdades corporais perdidas. Há, porém, outros tipos de deficiências – muito mais difundidas, ainda que, no caso, seus poderes debilitantes sejam escondidos debaixo do tapete, hipocritamente negados ou encobertos de outras maneiras. Não são problemas médicos nem tecnológicos – mas questões políticas. Por exemplo, as desvantagens causadas às pessoas que não têm carro quando se cancelam linhas de ônibus consideradas "não lucrativas" (e, portanto, desconfortáveis para o contribuinte "normal"); ou, pelo mesmo motivo, quando se fecham agências bancárias ou postais. Particularmente em nossa sociedade de consumidores, há consumidores "desqualificados", com pouco dinheiro, sem crédito, portanto sem chance de atingir os padrões de "normalidade" estabelecidos pelo mercado e avaliados pelo número de propriedades e atos de compra. E, o que é mais importante para o nosso tema, há um número enorme de jovens fisicamente aptos, em idade escolar, que são desabilitados em suas tentativas de atingir os padrões estabelecidos pelo mercado de trabalho em função da circunstância de terem nascido e crescido em famílias com rendimentos abaixo da média ou em bairros pobres e esquecidos. As famílias vivendo na pobreza (novamente uma condição avaliada por padrões de "normalidade" socioculturalmente estabelecidos) são os mais pródigos fornecedores de estudantes "abaixo do padrão educacional". No caso deles, se exigem equivalentes políticos das formas médicas ou tecnológicas de compensar deficiências corporais. Esses recursos de fato existem, mas sua disponibilidade ou ausência depende muito pouco de escolas e professores.

A desigualdade de oportunidades educacionais é uma questão que só pode ser confrontada em ampla escala por políticas de Estado. Até agora, porém, como já vimos, as políticas de Estado parecem estar se afastando, e não se aproximando, de um enfrentamento sério da questão.

· 13 ·

A indignação e os grupamentos políticos ao estilo enxame

RICCARDO MAZZEO: Quase quinze anos atrás, em seu importantíssimo livro intitulado *Self-Efficacy: The Exercise of Control*, Albert Bandura escreveu:

> as pessoas não vivem em isolamento social, nem podem exercer controle totalmente por conta própria sobre aspectos importantes de suas vidas. Muitos desafios da vida concentram-se em problemas comuns que exigem que as pessoas trabalhem juntas, com uma voz coletiva, a fim de mudar suas existências para melhor. A força de famílias, comunidades, organizações, instituições sociais e até nações está, em parte, no senso de eficácia coletiva das pessoas de que podem resolver os problemas que enfrentam. ... Cada vez mais as vidas das pessoas são modeladas por influências poderosas que operam fora de suas instituições tradicionais e através das fronteiras dos Estados-nação. A difusão das mudanças tecnológicas e a globalização das forças econômicas estão criando interdependências transnacionais que premiam cada vez mais o exercício da agência coletiva para reter certo grau de controle pessoal sobre o curso da própria vida.[1]

Como você observou com perspicácia, o espaço da ação política não pode ser confinado ao uso do Facebook ou do Twitter, pois é muito fácil desconectar depois o que simulava estar engajado. O prevalecimento de soluções individuais experimentais tende a perpetuar o *statu quo ante*, mas quando indivíduos se unem com suas mentes e *corpos* vibrantes para protestar contra a injustiça colocando suas vidas em risco, a agência coletiva entra em jogo, e é poderosa, como estamos confirmando na Tunísia, no Egito, na Síria.

Quanto à escola, algo impressionante está ocorrendo no Chile, onde Pinochet havia reformado a educação em termos orientados por classe: escolas e universidades privadas e muito caras para os ricos, educação pública, também cara, para os outros; as famílias aprofundavam-se cada vez mais em dívidas a fim de construir um futuro para seus filhos. Durante os últimos vinte anos de democracia, esse sistema não mudou, mas nos últimos meses os jovens se uniram em multidões para exigir uma reforma. O presidente Piñera teve de se render duas vezes diante da jovem presidente da federação de estudantes universitários, Camila Vallejo; primeiro foi obrigado a demitir seu ministro da Educação e agora acabou de prometer reformar a Constituição e fazer um grande investimento nas escolas e universidades.

ZYGMUNT BAUMAN: Em 3 de janeiro de 2011, John Lichfield relatou no *Independent*:

> *Indignez-vous!* [Indignem-se!], um pequeno panfleto da autoria de um herói da Resistência Francesa, Stéphane Hessel, está quebrando todos os recordes editoriais na França. Ele incita os franceses, e todos os outros, a recuperar o espírito de resistência aos nazistas na época da guerra, rejeitando o poder "insolente e egoísta" do dinheiro e dos mercados, e defendendo "os valores" sociais "da democracia moderna". ... O sr. Hessel e o dono de sua pequena editora de esquerda (que é usada para imprimir cópias às centenas) dizem que ele evidentemente tocou num nervo sensível, em âmbito nacional e internacional, numa época de tirania do mercado, bônus para os banqueiros e ameaças orçamentárias à sobrevivência do Estado de bem-estar social do pós-guerra.

Três meses depois, em 13 de abril, Sudhir Hazareesingh confirmava plenamente os instintos do editor. Ele escreveu no *Times Literary Supplement* que o "pequeno panfleto", que nesse intervalo já vendera mais de 1 milhão de cópias apenas na França e fora traduzido em mais de dez línguas europeias,

> é um estimulante apelo a rejeitar a apatia e engajar-se numa "insurreição pacífica" contra todas as injustiças que assolam o mundo contemporâneo: a exploração permanente do mundo em desenvolvimento pelos países ricos, os abusos contra os direitos humanos por governos despóticos e o controle férreo do mercantilismo sobre o corpo político, ameaçando as realizações nos campos da economia e do bem-estar social pelas quais sua geração antifascista lutou (e morreu).

O "pequeno panfleto" era de fato um folheto e não um livro – apenas treze páginas de texto, vendido a € 3 o exemplar. O tamanho reduzido certamente ajudou a passar a mensagem. Para uma geração treinada em jargões, chavões, SMS e Twitter, esse formato não era suficientemente incômodo; ainda legível e digerível, facilmente comprimido no espaço habitual dos comentários on-line; um tipo de notícia eminentemente adequado à divulgação boca a boca (ou, mais exatamente, por uma mensagem prontamente digitada de um celular) e a ultrapassar depressa o ponto em que entra em operação a "lei de Daniel Boorstin" (de que os best-sellers são livros que vendem bem porque estão vendendo bem).

Não se trata, evidentemente, de uma explicação completa – em especial em 2011, o ano da "Primavera Árabe", do impressionante fenômeno de pessoas tomando as ruas e acampando em praças públicas de cidades da Espanha, Grécia, Itália e Israel. Em resumo, as sementes de Hessel devem ter caído em solo bem-preparado para fazê-las germinar: as pessoas já deveriam estar indignadas para que o apelo *Indignez-vous!* fosse ouvido – e atendido – com tanta avidez. Ou, recorrendo a outra metáfora: a solução em que as frustrações, esperanças traídas e expectativas baldadas estavam suspensas, misturadas com enormes quantidades de incertezas, inseguranças e medos em relação ao que o futuro reservaria, deve ter sido supersaturada para que a mínima mexida causasse a sedimentação maciça do que só pode ser chamado de "cristais da cólera".

E o que foi que preparou o solo e supersaturou a solução? Em sua versão mais breve, a resposta é a brecha crescente entre os governantes e os governados. Isso torna mais difícil descobrir, que dirá compreender, a conexão entre os interesses expressos lá no alto e as preocupações e ansiedades dos homens e mulheres comuns lá de baixo (uma alienação recíproca encoberta, de tempos em tempos, e por menos tempo de cada vez, pelas tentativas de os corpos governantes tirar de si mesmos a culpa pelos problemas do eleitorado e jogá-la sobre malfeitores imaginários, como os migrantes). Os governos, privados de grande parte de seu poder pelos bancos, empresas multinacionais e outras forças supranacionais, são incapazes de prestar atenção seriamente às verdadeiras causas da miséria das pessoas, e estas reagem, como se poderia esperar, perdendo a confiança na capacidade e na vontade dos governos de resolver seus problemas. Buscando desesperadamente por salvação, as pessoas não olham para cima, mas para os lados. E aqueles de nós que são jovens o fazem mais que os mais velhos; nunca em suas curtas existências tiveram a chance de esperar ajuda lá do alto – muito menos de ver essa expectativa concretizada.

A política emergente, a alternativa esperada aos desacreditados mecanismos políticos, tende a ser horizontal e lateral, e não vertical e hierárquica. Digo que ela é do estilo enxame: tal como os enxames, os grupamentos e alianças políticos são criações efêmeras, reunidas com facilidade, mas difíceis de se manter juntas pelo tempo necessário para se "institucionalizarem" (construírem estruturas duráveis). Podem funcionar sem sedes, burocracia, líderes, capatazes ou cabos. São criadas e dissolvidas quase espontaneamente e com muita facilidade. Cada momento de sua vida é intensamente passional, mas as paixões intensas são conhecidas por se extinguirem depressa. Não se pode construir uma sociedade alternativa com base apenas na paixão, mas a ilusão dessa viabilidade consome a maior parte da energia que a construção de uma sociedade assim iria exigir. Só para aproveitar o seu exemplo, espero sinceramente que o entusiasmo de Camila Vallejo não se esgote antes que a terrível herança de Pinochet seja substituída por um modelo educacional justo e equitativo – mas receio que as chances de isso acontecer não sejam particularmente promissoras. Minha suspeita (rezo para estar errado!) é que a ação mediada pela internet só possa obter a substituição da não política por uma ilusão de política. Até agora, infelizmente, minhas suspeitas têm sido confirmadas. Nenhuma das explosões populares de protesto estimuladas pela internet e eletronicamente ampliadas conseguiu remover os motivos da raiva e do desespero das pessoas.

· 14 ·

Consumidores excluídos e intermináveis campos minados

RICCARDO MAZZEO: Ontem (22 de agosto de 2011) li no *Guardian* as posições opostas de David Cameron e Tony Blair sobre os recentes distúrbios ocorridos na Inglaterra que resultaram em 3.296 crimes cometidos, provocando 1.875 prisões e 1.073 pessoas acusadas: "David Cameron reafirmou ontem sua crença de que os distúrbios foram sintomáticos do declínio moral da Grã-Bretanha, em contraste com Tony Blair, que descartou esse argumento como um 'lamento pretensioso' que ignora a verdadeira causa do problema."

Acho que os dois políticos estão falando (agindo) de má-fé. Como Cameron pode declarar: "A cobiça e a violência ... não vieram do nada. ... Existem problemas profundos em nossa sociedade, que vêm crescendo há muito tempo: o declínio da responsabilidade, o aumento do egoísmo, o sentimento crescente de que os direitos individuais vêm na frente de tudo." Como enfatizou no *Independent* Howard Jacobson, vencedor do Prêmio Man Booker de ficção em 2010, "essa forma particular de pilhagem conhecida como roubo empresarial continua grassando sem restrições". Os chacais da economia estão arrastando o mundo para a destruição e a ruína. Cameron triplicou as anuidades. Quanto a Blair, ele disse que apresentar esse argumento era algo que "abalava nossa reputação no exterior. ... A Grã-Bretanha, como um todo, não está tomada por um declínio moral generalizado". Loretta Napoleoni mostra a falsidade dos dois políticos ingleses no último número da revista semanal italiana *L'Espresso* (25 de agosto de 2011):

> Na capital britânica convivem, lado a lado, duas sociedades: os marginalizados, frustrados e furiosos dos distúrbios de agosto, e os integrados, abastados e felizes que celebraram William e Kate em abril último. Temos aqui, resumida no espaço de alguns twitters, a narrativa, só aparentemente esquizofrênica, de uma nação muito engenhosa quando se trata de ocultar suas contradições socioeconômicas. Um país em que nos últimos trinta anos as divisões raciais sobrepuseram-se às divisões de classe, gerando uma rede social que nada mais é que o arame farpado da exclusão. Um limite inviolável entre os que têm e os que não têm e nunca terão.

Julgo que você tem algo relevante a dizer sobre o exemplo do consumismo exercitado hoje em dia pelos jovens.

Zygmunt Bauman: Seria um equívoco descrever a recente agitação em Londres como um caso de distúrbios provocados pela fome. Foram distúrbios envolvendo consumidores excluídos e desqualificados.

Revoluções não são os principais produtos da desigualdade social; campos minados, sim. Campos minados são áreas cheias de explosivos espalhados aleatoriamente; pode-se ter toda a certeza de que alguns deles vão explodir em algum momento – mas não se pode dizer com algum grau de certeza quais e quando. Como as revoluções sociais são conflitos focalizados e voltados para determinados alvos, algo talvez possa ser feito para localizá-los e dissolvê-los em tempo. Mas não as explosões num campo minado. Quando os campos minados são obra de soldados de um dos exércitos, pode-se mandar outros soldados, de outro exército, para retirar as minas e desarmá-las; tarefa verdadeiramente perigosa – como continua nos lembrando a sabedoria do velho soldado: "O sapador só comete um erro." Mas quando os campos minados são obra da desigualdade, até essa solução, perigosa como é, torna-se indisponível; plantar as minas e retirá-las precisa ser obra do mesmo exército, que não pode parar de acrescentar novas minas nem evitar pisar nelas – indefinidamente. Plantar minas e ser vítima de suas explosões vêm no mesmo pacote.

A desigualdade social sempre deriva da divisão entre os que têm e os que não têm, como Miguel de Cervantes Saavedra observou quase meio milênio atrás. Mas, em épocas diferentes, trata-se da posse ou não de *diferentes* objetos que são, respectivamente, as posições defendidas com mais entusiasmo ou as deploradas com mais ardor. Dois séculos atrás na Europa, há apenas algumas décadas em alguns lugares distantes desse continente e até hoje em certos campos de batalha de guerras tribais ou playgrounds de ditadores, o principal objeto a colocar os que não têm contra os que têm era, ou é, o pão ou o arroz. Graças a Deus, à ciência, à tecnologia e a certos expedientes políticos razoáveis, agora raramente é esse o caso. O que não significa que a antiga divisão esteja morta e enterrada. Muito pelo contrário. Os objetos de desejo cuja ausência é mais violentamente deplorada tornaram-se múltiplos e variados – e seu número, assim como as tentações que representam, está crescendo a cada dia. E com ele a raiva, a humilhação, o despeito e o rancor motivados por não tê-los – assim como o impulso de destruir o que não se pode ter. Saquear lojas e incendiá-las são comportamentos que derivam do mesmo impulso e satisfazem ao mesmo desejo.

Agora somos todos consumidores, consumidores acima de tudo, consumidores por direito e por dever. De fato, depois da afronta do 11 de Setembro de 2001, George W. Bush, convocando os americanos a superar o trauma e retomar a normalidade, disse: "Voltem às compras." É o nível de nossa atividade de compras e a facilidade com que nos livramos de um objeto de consumo a fim de substituí-lo por um "novo e aperfeiçoado" que nos serve de principal forma de medir nossa posição social e marcar pontos na competição pelo sucesso na vida. Para todos os problemas que encontramos no caminho que leva para longe dos problemas e no rumo da satisfação, buscamos a solução nas lojas. Do berço ao túmulo, somos treinados e adestrados a tratar as lojas como farmácias repletas de remédios para curar ou pelo menos aliviar todas as moléstias e aflições em nossas vidas e nas vidas em comum. Lojas e compras adquirem uma dimensão plena e verdadeiramente escatológica. Os supermercados, como expressou George Ritzer numa frase famosa, são nossos templos; e, posso acrescentar, as listas de compras são nossos breviários, enquanto os passeios pelos shoppings se tornaram nossas peregrinações. Comprar por impulso e livrar-se de pertences não mais atraentes o bastante a fim de colocar outros, mais interessantes, em seu lugar são nossas emoções mais instigantes. A plenitude do prazer de consumir significa a plenitude da vida. Compro, logo existo. Comprar ou não comprar, eis a questão.

Para os consumidores excluídos, versão contemporânea dos que não têm, não comprar é o estigma desagradável e pustulento de uma vida sem realizações – de ser uma não entidade e de não servir para nada. Significa não somente a falta de prazer, mas a falta de dignidade humana. De significado na vida. Em última instância, de humanidade e de quaisquer outras bases para o autorrespeito e para o respeito das pessoas à sua volta.

Os supermercados podem ser os templos em que os membros da congregação se reúnem para a adoração. Para aqueles anatematizados, considerados inadequados e banidos da "Igreja dos Consumidores", são postos avançados do inimigo construídos na terra em que se encontram exilados. Essas muralhas fortemente vigiadas impedem o acesso aos bens que protegem os outros de um destino semelhante: como George W. Bush teria de concordar, elas impedem o retorno (e, para os mais jovens, que nunca se sentaram num banco de igreja, o acesso) à "normalidade". Grades e persianas de aço, circuito fechado de TV, seguranças na entrada e escondidos lá dentro, tudo se soma à atmosfera de campo de batalha e de hostilidades em curso. Essas cidadelas do inimigo em nosso meio, fortificadas e estritamente vigiadas, servem como lembrança, dia após dia, da miséria, da desvalorização e da humilhação dos nativos. Desafiadores em sua inacessibilidade desdenhosa e arrogante, eles parecem gritar: "Eu o desafio." Mas desafia a quê?

Logo depois dos distúrbios, fui entrevistado (eletronicamente) por Fernando Duarte, do jornal brasileiro *O Globo*. Como estão estritamente relacionadas com sua pergunta atual, permita-me citar por completo as perguntas que ele fez e minhas respostas.*

1. *Quão irônico foi para o senhor ver os distúrbios se concentrando na pilhagem de roupas e artigos eletrônicos, dado o seu trabalho sobre a pós-modernidade e o consumismo?*

Esses distúrbios eram, por assim dizer, uma explosão pronta para acontecer a qualquer momento. É como um campo minado: sabemos que cedo ou tarde alguns dos explosivos cumprirão sua natureza, só não sabemos como e quando. No caso de um campo minado social, porém, a explosão tende a se propagar instantaneamente, graças à forma como a tecnologia contemporânea transmite informações em "tempo real" e estimula o efeito de "imitação". Esse campo social minado foi gerado por uma combinação de consumismo e desigualdade social crescente. Não estamos falando de uma revolta ou levante de gente miserável ou faminta, ou de minorias étnicas e religiosas oprimidas. Foi um motim de consumidores excluídos e frustrados, pessoas ofendidas e humilhadas pela exibição de riquezas às quais não têm acesso. Fomos todos coagidos e seduzidos a vermos o ato de comprar como a receita para uma vida boa e a principal solução para todos os problemas da vida – e então uma boa parte da população foi impedida de usar essa receita. Os distúrbios urbanos na Grã-Bretanha podem ser mais bem-entendidos como uma revolta de consumidores frustrados.

---

* Bauman reproduz aqui a íntegra de perguntas e respostas da entrevista concedida a Fernando Duarte, cuja versão editada foi publicada por *O Globo*, em 12 ago 2011, com o título "'Foi um motim de consumidores', diz o sociólogo Zygmunt Bauman".

2. *Há muitos argumentos analisando as raízes sociais dos distúrbios, e inevitavelmente se deve analisar as hipóteses da desigualdade. Quão traiçoeira é para o establishment a tarefa de abordar essas questões quando o conceito da divisão entre privilegiados e despossuídos parece ter mudado tanto nas últimas décadas?*

Tal como a reação dos governos à depressão econômica causada pelo colapso do crédito (ou seja, o refinanciamento dos bancos a fim de trazê-los "de volta ao normal", para a mesmíssima atividade que foi a causa fundamental do colapso e da depressão!), até agora a reação do governo britânico ao motim dos humilhados tende a aprofundar a mesmíssima humilhação que causou sua rebelião – enquanto deixa intocadas as fontes de sua humilhação, ou seja, o consumismo galopante combinado à desigualdade crescente. As medidas duras e pesadas tomadas pelo governo provavelmente vão pôr fim à explosão aqui e agora, mas não funcionarão de maneira alguma para desmontar o campo minado que a causou nem para evitar novas explosões. Os problemas sociais não foram resolvidos pela imposição de um toque de recolher – foram apenas deixados de lado para apodrecer e se inflamar. A reação do governo britânico foi uma tentativa equivocada de solucionar um problema que vem afligindo a sociedade há muito tempo. Para realmente enfrentar esse tipo de aflição, seria necessário nada menos que uma séria reforma dos modos como a sociedade funciona e uma verdadeira revolução cultural – algo que Edgar Morin sugeriu em sua recente visita a São Paulo.

3. *Quando se conversa com jovens de classe baixa, percebe-se um claro ressentimento em relação à falta de oportunidades de trabalho e educação, mas não vimos universidades pegando fogo, por exemplo. Podemos presumir que haja muito mais simbolismo em botar fogo numa filial da Dixon's?*

Qualquer que seja a explicação dada por esses jovens quando pressionados a explicar por que estão com raiva (em geral repetindo o que já ouviram na TV e leram nos jornais), o fato é que, quando queimavam e saqueavam lojas, não estavam tentando "mudar a sociedade", substituir a ordem atual por outra mais humana e receptiva a uma vida decente e digna. Eles não se rebelaram contra o consumismo, porém fizeram uma tentativa (equivocada e fadada ao desastre) de se juntar – ainda que por um breve momento – às fileiras dos consumidores das quais haviam sido excluídos. Esse motim foi uma explosão não planejada, não integrada, espontânea, de frustração acumulada que não se pode explicar em termos de um "para quê", apenas de um "porquê". Duvido que a questão do "para quê" tenha desempenhado algum papel nessa orgia de destruição.

4. Até que ponto se podem culpar as políticas públicas que criaram os distritos constituídos por conjuntos residenciais agora descritos como bolsões de apartheid?
Sucessivos governos britânicos pararam de construir "distritos compostos de conjuntos residenciais" há muito tempo. Deixaram totalmente a distribuição espacial da população, com suas dificuldades e seus problemas, para as forças do mercado. As condensações de pessoas pobres em certas áreas da cidade, de modo não diferente do caso das favelas, não são orientadas por políticas sociais, mas pelo preço da moradia, com a ajuda e o estímulo da tendência dos segmentos mais abastados dos cidadãos urbanos a se trancar, longe dos problemas da cidade, nas chamadas "comunidades fechadas". A segregação e a polarização nas cidades de hoje resultam do jogo livre e descontrolado das forças do mercado; se as políticas públicas deram uma contribuição, foi apenas na forma de uma recusa governamental em se incomodar com a responsabilidade pelo bem-estar humano e de sua decisão de "terceirizá-lo" para o capital privado.

5. Em seu artigo para o Social Europe Journal, *o senhor recusou-se a qualificar os distúrbios como uma espécie de revolução social. Não há pelo menos o sopro de um desejo de mudança social nessa situação, ou o que há é apenas um enorme desequilíbrio entre formas de desejo?*
Até agora não consegui identificar nenhuma evidência de um desejo como esse. Romantizar uma vida humilde de autonegação sempre foi uma ideologia dos que têm uma vida boa e confortável;

no que se refere às baixas colaterais de seus confortos, porém, eles anseiam imitar os ricos (sonho irracional, que só pode funcionar por meios irracionais!), e não substituir seu estilo de vida por outro, de autocontenção, temperança e moderação. Como assinalou Neal Lawson, agudo observador do estado de espírito que predomina hoje, "o que alguns imprestavelmente denominaram 'subclasse selvagem' é apenas a imagem especular da elite selvagem" – refletida num espelho distorcido e deformador, mas ainda assim um espelho.

6. *A polícia não conseguirá ficar nas ruas de forma tão ostensiva por muito mais tempo, e logo a vida voltará ao "normal". Dado o relativo êxito dos primeiros distúrbios provocados pelo consumo, quão temerosos devem ficar os londrinos em relação a futuros problemas?* Não tenho resposta para essa pergunta. Mas todos nós sabemos pela experiência que expedições punitivas só podem extinguir este ou aquele incêndio, não são capazes de vistoriar e reconstruir a área agora em chamas para impedir que continue sendo, para sempre, "socialmente inflamável". O único efeito da ação extemporânea da polícia é tornar ainda mais aguda a necessidade de novas ações policiais: a ação da polícia, por assim dizer, distingue-se por reproduzir sua própria necessidade. Lembre-se de que, no caso dos consumidores frustrados e desqualificados, trazê-los de volta ao "normal" significa fazê-los retornar a uma condição semelhante a um campo minado!

7. *Por último, mas não menos importante, e em sintonia com a famosa pergunta final do* New Statesman: *dado o fato de o consumismo estar tão entranhado na sociedade pós-moderna, estamos todos condenados? Como abordar o "comprar como cenário de normalidade"?* Alguns meses atrás, François Flahaut publicou um fabuloso estudo sobre a ideia de bem comum e as realidades que ela representa.[1] A principal mensagem do novo livro, concentrada na atual forma de nossa sociedade radicalmente "individualizada", é que a ideia de direitos humanos é hoje utilizada para substituir e eliminar o conceito de "boa política" – quando essa ideia, para ser realista, deve

basear-se na ideia de "bem comum". A coexistência humana e a vida social constituem o bem comum de todos nós, do qual e graças ao qual derivam todos os bens culturais e sociais. A busca da felicidade deveria, por esse motivo, concentrar-se na promoção de experiências, instituições e outras realidades culturais e naturais da vida em comum, em vez de se concentrar nos indicadores de bem-estar, que tendem a deformar a convivência humana, transformando-a na rivalidade e na competitividade individuais.

Assim, a questão – e uma questão para a qual ainda não temos uma resposta convincente e empiricamente sustentada – é se as alegrias da possibilidade de convivência são capazes de substituir a busca de riquezas e a satisfação proporcionada pelos bens de consumo e pela autopromoção, combinando-se na ideia de crescimento econômico infinito, em seu papel de receitas quase universalmente aceitas para uma vida feliz. Em suma, será possível buscar a realização de nosso desejo, ainda que "natural", "endêmico" e "espontâneo", de usufruir os prazeres da convivência no tipo de sociedade que atualmente predomina sem cair na armadilha do utilitarismo e escapando da mediação do marketing? Bem, se não o escolhermos por vontade própria, pode ser que sejamos obrigados a aceitá-lo em consequência de nossa recusa.

O professor Tim Jackson, da Universidade de Surrey, em *Redefining Prosperity*, toca o alarme: o modelo atual de crescimento produz danos irreversíveis.[2] Isso porque o "crescimento" é medido pelo aumento da produção material, e não de serviços como lazer, saúde e educação. Tim Jackson adverte que, no final deste século, "nossos filhos e netos vão enfrentar um clima hostil, a exaustão de recursos, a destruição de hábitats, a dizimação de espécies, a escassez de alimentos, a migração em massa e, quase inevitavelmente, a guerra". Nosso consumo orientado para o débito, ardorosamente encorajado, ajudado e impulsionado pelos poderes constituídos, "é ecologicamente insustentável, socialmente problemático e economicamente instável". Outra das várias observações deprimentes de Jackson foi quase universalmente ignorada pelos canais mais populares (e eficazes) de informação, ou relegada, na melhor das hipóteses, às páginas e horas do dia conhecidas por acolher e abrigar vozes acomodadas e habituadas a seu destino de clamar no deserto: num ambiente social como o nosso, onde os 20% mais ricos do mundo se apropriam de 74% da renda anual do planeta, enquanto os 20% mais pobres têm de se satisfazer com 2%, o truque de justificar a devastação perpetuada pelas políticas de crescimento econômico em nome da nobre necessidade de acabar com a pobreza não passa de pura hipocrisia, uma ofensa à razão.

Jeremy Leggett (no *Guardian* de 23 de janeiro de 2010) segue os palpites de Jackson e sugere que a prosperidade duradoura (em oposição àquela destinada ao fracasso ou francamente suicida) precisa ser buscada "fora das armadilhas tradicionais da abastança" (e, permita-me acrescentar, fora do círculo vicioso do uso e abuso de produtos e energia): em relacionamentos, famílias, vizinhanças, comunidades, nos significados de vida e na área reconhecidamente nebulosa e recôndita das "vocações, numa sociedade funcional que valoriza o futuro". O próprio Jackson abre sua argumentação reconhecendo com sobriedade que o questionamento do crescimento econômico se destina a ser uma ação de "lunáticos, idealistas e revolucionários", arriscando-se, sentindo medo e mantendo a expectativa, não desprovida de razão, de serem classificados em uma dessas três categorias, ou em todas elas, pelos apóstolos e viciados na ideologia do crescer ou morrer.

Como assinalou Adam Smith, num mercado, devemos nosso suprimento diário de pão fresco à ambição do padeiro, não ao altruísmo, à caridade, à benevolência ou aos altos padrões de moral. É graças à muito humana ambição do lucro que os produtos são trazidos para as prateleiras dos mercados e que podemos ter certeza de encontrá-los lá. Até Amartya Sen, o qual insiste em que o bem-estar e a liberdade de levar vidas decentes precisam ser vistos como o principal objetivo da economia,[3] admite que "de fato não é possível ter uma economia florescente sem o amplo uso dos mercados, de modo que o cultivo, e não a prevenção, do desenvolvimento de mercados necessários deve ser parte de um mundo próspero e economicamente justo". Segue-se que, em primeiro lugar, eliminar a cobiça e a busca do lucro significa fazer desaparecer os mercados, e com eles os produtos. Em segundo lugar, que, sendo os mercados necessários para que "a economia floresça", o egoísmo e a avareza só podem ser eliminados como motivos humanos por nossa conta e risco comuns. Finalmente, há uma terceira conclusão: o altruísmo está em confronto com uma "economia florescente". Pode-se ter um ou outro, mas dificilmente os dois juntos.

Jackson supera esse gravíssimo obstáculo apostando na razão e no poder de persuasão humanos: ambos são armas poderosas, sem dúvida, e poderiam se mostrar eficazes numa "reforma do sistema econômico" – não fosse pelo fato nada auspicioso de que os ditados da razão dependem da realidade sobre a qual se raciocina, e de que essas realidades, quando sobre elas raciocinam agentes sensatos, dispõem de um "poder de persuasão" muito mais forte que qualquer argumento que as ignore ou menospreze. A realidade em questão é uma sociedade capaz de resolver (embora imperfeitamente) os problemas criados por ela própria (conflitos sociais e antagonismos que ameacem sua preservação) unicamente pelo reforço ininterrupto do "apetite de novidade" – apelando, dessa forma, à cobiça e à avareza que mantêm a economia "florescendo".

Jackson propõe um programa em três partes: tornar as pessoas conscientes de que o crescimento econômico tem seus limites; convencer (obrigar?) os capitalistas a usar como guia na distribuição de seus lucros não apenas os "termos financeiros", mas também os benefícios sociais e ambientais para a comunidade; e "alterar a lógica social" utilizada pelos governos ao manipular a combinação de estímulos para induzir o povo a ampliar e enriquecer suas vidas de maneiras outras que não a materialista. Mas há um problema: seria possível contemplar com seriedade tudo isso sem enfrentar os aspectos da condição humana que estimularam as pessoas a procurar consolo no mercado, em primeiro lugar? Ou seja, queixas, genuínas ou supostas, para as quais não se encontra remédio, ansiedades negligenciadas pela sociedade – que, portanto, não encontram outros escoadouros senão as ofertas do mercado, e que são redirecionadas para os mercados de consumo na esperança, embora vã e ilusória, de encontrar um remédio ou uma solução?

· 15 ·

Richard Sennett sobre diferença

RICCARDO MAZZEO: Que análise esclarecedora! O jornalista Fabrizio Gatti, correspondente em Birmingham do semanário italiano *L'Espresso*, cita você esta semana:

> Uma das mais perspicazes análises dos distúrbios, publicada pelo sociólogo Zygmunt Bauman, revela: "A acomodação espacial da população, juntamente com seus problemas e ansiedades, foi totalmente negligenciada, deixada às forças do mercado. A concentração de habitantes pobres e destituídos em determinadas áreas da cidade não foi causada por políticas sociais, mas decidida em função dos preços das casas.

E enfatiza que você não está falando de uma "sociedade partida", como diz Cameron, mas de "comunidades fechadas". Michela Marzano, em minha opinião uma das vozes mais brilhantes entre os jovens filósofos, descreveu as comunidades fechadas de forma impressionante:

> Num mundo globalizado, em que as fronteiras supostamente desapareceram, há categorias de pessoas que podem viver, trabalhar e viajar dentro de certas áreas protegidas sem jamais se confron-

tar com o resto da população mundial, em particular com os mais destituídos. Como esperar que compreendam que estes realmente pertencem à mesma humanidade? O que os olhos não veem o coração não sente. Essa posição defensiva é, obviamente, uma forma de superar o medo que se tem dos outros, mas o resultado muitas vezes é o oposto do que se esperava. Longe de assegurar proteção, as barreiras solidificam as diferenças, promovem o egocentrismo e criam mais medo – a presença de muros provoca a ideia de que o inimigo está por toda parte, perigoso e inominado, e de que todas as medidas defensivas são legítimas.

É isso que mostra *La Zona* (*A zona do crime*), de Rodrigo Plá (2008). O filme conta a história de três jovens mexicanos de um bairro pobre que entram num condomínio fechado protegido por muros, vigiado por câmeras e patrulhado por um serviço de segurança privado. O acesso à área é restrito aos moradores. Os três jovens invadem uma casa e dois deles acabam matando o proprietário que os surpreendeu, mas a segurança intervém imediatamente e mata dois deles, enquanto o terceiro consegue escapar. Ao correr, ele vai entrando cada vez mais na Zona, e os moradores, em vez de chamar a polícia, decidem fazer justiça por si mesmos, com base no estado de exceção de que goza sua comunidade fechada – não acreditam em ninguém, só em si mesmos, e todos que vêm de fora são rechaçados como ameaças. Segue-se uma cruel caçada humana, e todos os que manifestam desagrado diante disso são tratados primeiro com suspeita e depois com franca hostilidade. Todos são presas de uma lógica infernal, que não oferece saída – o fugitivo nem é mais considerado um ser humano; no fim, embora inocente, o rapaz é cruelmente executado.

La Zona fala de uma sociedade feudal, fragmentada, dividida em dois lados opostos que temem e odeiam um ao outro. Que se pode fazer por uma sociedade em que uma parte minoritária é despudoradamente rica e a outra parte desesperadoramente pobre? Podemos construir muros tão altos que afastem o medo? Será que o isolamento de todos os que se escondem por trás dos muros não gera mais terror ainda? Cercando-se de muros, os moradores da Zona são responsáveis pelo próprio encarceramento. Os muros acabam exacerbando o medo, pois se tornam a própria materialização da separação dos outros. Nesse mundo frio e indiferente – onde as comunidades obedecem apenas a suas próprias regras, as únicas consideradas capazes de preservar a paz e a segurança –, tudo é permitido. É por isso que todo estranho se transforma num inimigo a ser caçado e morto.[1]

Gatti resume:

Após a destruição da Al-Qaeda, os ingleses de classe alta que nunca pisaram em áreas de classe trabalhadora agora descobrem que os novos inimigos são os estudantes, os adolescentes. A solução é clara para todos: vamos precisar de políticas que garantam verbas para reforçar as escolas, treinar os professores, ajudar as empresas a criar empregos. Uma sociedade a reconstruir. Mas hoje as políticas de investimento voltadas para o crescimento social serão punidas pelas bolsas de valores e pelo mundo das finanças do livre mercado.

ZYGMUNT BAUMAN: Nossa sociedade tem um caráter cada vez mais diaspórico, e não admira que muitos habitantes das cidades se sintam apreensivos e ameaçados quando expostos não apenas a estranhos (a vida urbana sempre significou estar cercado de estranhos), mas a estranhos de um novo tipo, nunca visto antes, e assim, presumivelmente, "não domesticados" e "sem controle", ameaças desconhecidas. A primeira reação emocional é refugiar-se em minifortalezas chamadas "comunidades fechadas" e trancar as portas; segue-se imediatamente a exigência de expulsar esses estranhos, e todos os tipos de demagogos têm diante de si um período de grande sucesso. A menos que haja uma reação, esse processo ganha novo ímpeto e tende a se reforçar: o medo estimula as pessoas a recusar ou romper a comunicação com os aparentes portadores do perigo; e, uma vez rompida a comunicação, cresce o espectro de ameaças, supostas ou imaginárias, o que, por sua vez, torna o rompimento da comunicação ainda mais acintoso, radical e, no final, absoluto. Na ausência de comunicação recíproca, há pouca chance de submeter a imaginação ao teste da prática – e quase nenhuma de desenvolver um *modus covivendi* satisfatório que permita que a variedade cultural da cidade, agora vista como um ônus, possa ser reclassificada como um recurso. Creio que a educação pode fazer um bocado para ajudar a cortar esse nó górdio.

Pat Barroche, concorrendo para o Congresso americano, pelos republicanos, no estado de Iowa, propôs em seu blog (http://affordance.typepad.com) que os imigrantes ilegais deveriam ter microprocessadores implantados em seus corpos. Afinal, explicou ele, posso implantar um microprocessador em meu cachorro se quiser encontrá-lo. Por que não fazer o mesmo com os ilegais? É verdade, por quê?

Nas recentes reportagens da mídia europeia sobre episódios de choque coletivo entre manifestantes pró-democracia e as forças que defendem os regimes ditatoriais no mundo árabe, dois tipos de informação ganharam a primazia. Um deles foi o destino dos *cidadãos daqueles países*: suas vidas estavam em perigo; deveriam ser levados logo que possível para algum lugar situado a uma distância segura do problema, da costa sul à costa norte do Mediterrâneo; a tarefa mais urgente dos governos era fazer isso acontecer, e qualquer atraso seria criminoso. O outro tipo de informação era o perigo de que a costa norte do Mediterrâneo fosse inundada de *refugiados* correndo para salvar suas vidas dos campos de batalha das guerras civis deflagradas na costa sul; a tarefa mais urgente dos governos era impedi-los, e qualquer atraso seria criminoso.

Suspiros semelhantes de alívio puderam ser ouvidos nas duas reportagens transmitidas simultaneamente da Líbia encharcada de sangue: sobre o bote lotado de evacuados ingleses atracado em Valetta e sobre as multidões de líbios correndo em busca de abrigo – mas na direção das fronteiras com o Egito e a Tunísia. A primeira reação do governo italiano à notícia da mudança de regime na Tunísia foi enviar novas unidades da Marinha para guarnecer o acesso à ilha italiana de Lampedusa, a fim de interromper o fluxo de tunisianos em busca de asilo. E então François Fillon, primeiro-ministro francês, anunciou que seu país enviaria dois aviões com ajuda médica para a cidade libertada de Benghazi. Belo gesto, pode-se dizer, testemunha de nossa solidariedade com os galantes combatentes pela democracia e de nossa disposição de nos juntarmos a eles na batalha. Era o que se diria – a menos que se lesse a explicação do próprio Fillon: esta é uma das medidas para interromper a onda de imigrantes que ameaça inundar os países do Mediterrâneo; a melhor maneira de detê-los é garantir que a situação na Líbia logo se estabilize.

Seria fácil, mas equivocado, explicar esses fatos como eventos extraordinários ou medidas emergenciais. Por quase duas décadas, a política dos países da área Schengen, no lado norte do Mediterrâneo, tem sido "terceirizar" a detecção e o confinamento de potenciais imigrantes em seus países nativos ou em seus vizinhos imediatos na costa sul. Virtualmente em todos os casos, "acordos bilaterais" foram assinados ou estabelecidos extraoficialmente com regimes tirânicos e corruptos, aproveitando-se – junto com as gangues de contrabandistas inescrupulosos – da miséria de exilados empobrecidos e perseguidos, milhares dos quais jamais conseguiram chegar ao outro lado do mar nos botes superlotados e frágeis fornecidos pelos gângsteres.[2]

No entanto, deve-se observar que a costumeira rigidez das leis europeias de imigração e asilo atualmente se torna mais estrita, assim como está aumentando a dureza da posição adotada em relação a pessoas em busca de asilo, potenciais ou bem-sucedidas – tudo isso sem laço com a inquietação que se espalha da Tunísia ao Bahrein. Comentando o súbito enrijecimento da atitude de Nicolas Sarkozy em relação aos estrangeiros que recentemente haviam se transformado em franceses ou francesas, Éric Fassin, distinto antropólogo e sociólogo, observou no *Le Monde* de 26 de fevereiro de 2011 que o propósito de Sarkozy era fazer com que todos os outros franceses e francesas "se esquecessem da derrota das políticas do presidente em todas as outras frentes – do poder de compra (decrescente) à insegurança (cada vez maior)", e muito particularmente do uso da política de identidade nacional como disfarce para substituir a proteção social por uma bandalheira operada pelo mercado.

Nada de novo por aqui, com toda a certeza. Os estrangeiros de dentro (em especial os estabelecidos) e os estrangeiros à porta (em especial os que tinham boas razões para ter sua entrada permitida) já foram firmemente fixados no papel de suspeitos usuais. Sempre que se inicia uma nova investigação pública sobre outra malfeitoria, contravenção, fracasso ou falha nos círculos governamentais, esses estrangeiros são os primeiros a serem levados à delegacia e avidamente filmados; são mostrados na TV com a frequência dos memoráveis vídeos sobre os aviões sequestrados atingindo as torres gêmeas do World Trade Center. Logo depois que os problemas internos de segurança gerados por imigrantes foram assumidos como a tarefa mais urgente do governo francês, veio a decisão de colocar as figuras mais importantes à testa dos Ministérios do Exterior, do Interior e da Defesa. O significado do rearranjo foi prontamente explicitado pelo presidente Sarkozy, de uma forma que não deu espaço à imaginação: "Meu dever como presidente da República é explicar os riscos futuros, mas acima de tudo proteger o presente dos franceses", e foi por isso que decidi "reorganizar os ministérios que lidam com a diplomacia e a segurança". Portanto, foram nomeadas pessoas que estão "preparadas para enfrentar futuros eventos cujo curso ninguém pode prever".

Nos bons e velhos tempos de 2004, quando os preços das ações e dos imóveis chegavam à estratosfera; os números do PNB subiam e os do desemprego se mantinham estacionados; enquanto as carteiras nos bolsos da classe média, e também dos que esperavam vir a integrá-la, estavam entupidas de cartões de crédito – a voz de Nicolas Sarkozy se animava sempre que falava de "l'islam de France", da diversidade de seu país, do multiculturalismo, e até de políticas de ação afirmativa ou discriminação positiva; e dizia que seu papel era garantir a paz e a amizade nos *banlieues*. Ele não concordava com o hábito populista de tomar o islã como um fenômeno peculiarmente suspeito, a exigir especial vigilância. Em *La République, les religions, l'espérance* (publicado em 2004), Sarkozy assinalava que o islã é uma das grandes religiões, que a França de 2004 não era mais um país exclusivamente católico, mas que se tornara uma nação multicultural, de modo que, em vez de assimilação, era preciso falar de (e preocupar-se com) integração, um problema totalmente diferente. Ao contrário do postulado da "assimilação", agora abandonado, a política de integração não exige que os recém-chegados renunciem àquilo que são. Mesmo em 2008, quando nuvens escuras já toldavam o céu da França, reconhecidamente azuis, o presidente, como nos lembra Éric Fassin, condenou enfaticamente o princípio da "consanguinidade"; exigiu que fosse substituído pelo de "igualdade de oportunidades"; e sugeriu que "o melhor remédio contra o comunitarismo" (*communautarisme*, no discurso francês, é o conceito de uma população dividida em comunidades autônomas, parcialmente autogovernadas e fechadas em si mesmas) "é a República cumprir sua promessa".

Bem, esse agora é outro jogo, totalmente diferente, para usar a expressão americana. Tudo começou no início de 2010, com o clamor depois que o povo roma se estabeleceu em Grenoble; os roma são os primeiros entre os primeiros suspeitos usuais. Mas os incidentes a eles relacionados revelaram-se apenas um modesto *hors-d'oeuvre*, meros aperitivos. Quase desapareceu o pressuposto da simetria entre "ceux qui arrivent" (os que chegam) e "ceux qui accueillent" (seus anfitriões), que costumava estar subjacente aos pronunciamentos transmitidos a partir dos prédios governamentais. Não se exige mais respeito de ambos os lados, em igual medida. O respeito agora se deve unicamente à França, e demonstrá-lo é obrigação dos *accueillis* (os "acolhidos") – se bem ou mal acolhidos, realmente não vem ao caso. A comunidade francesa (o que quer que isso possa significar), afirmam as declarações, não deseja mudar sua maneira de viver, seu estilo de vida. Mas a condição não escrita para que esses "acolhidos" continuem "acolhidos" é que mudem seu modo de vida – quer queiram, quer não. E, seguindo um hábito já observado como marca registrada da hipocrisia moderna pelo grande francês Albert Camus (cuja contribuição pessoal à glória da França não perde para nenhuma outra), mais uma vez o mal é feito em nome do bem, a discriminação é promovida em nome da igualdade, a opressão em nome da liberdade. Por exemplo: "Não queremos comprometer o direito que as meninas têm de frequentar a escola."

Um tema espinhoso, sem dúvida alguma. É por isso que slogans como "nenhuma tolerância aos inimigos da tolerância" ou "nenhuma liberdade aos inimigos da liberdade" parecem tão convincentes. Assim é porque tomam como axioma o que ainda resta a ser provado; eles se antecipam à questão de se o lado cuja condenação e repressão esses slogans pretendem legitimar é de fato culpado das transgressões de que o acusam; e omitem a questão do direito de processar, ao mesmo tempo que deixam de lado a fusão ilegal dos papéis de promotor e juiz. Mas será que a proibição de usar véus na escola realmente ajuda a garantir o direito de as "meninas" frequentarem a escola? André Grjebine, do Sciences Po-Centre D'Études et Recherches Internationales, declara no mesmo número do *Le Monde* que "a alteridade, geralmente percebida como fonte de abertura espiritual, também pode ser portadora de fundamentalismo, obscurantismo e fechamento";[3] mas será que ele não concordaria que essa ordem de raciocínio, com toda sua aparência de imparcialidade, algo *sine ira et studio* ("sem influências pessoais e emocionais"), já é um julgamento por direito próprio, apenas disfarçado? Afinal, ele não menciona que o fechamento espiritual, percebido por alguns como portador de identidade e segurança, também é uma fonte de fundamentalismo e obscurantismo – uma conexão pelo menos tão verdadeira quanto aquela que ele preferiu expor. Tampouco disse que, assim como a presença de abertura espiritual em alguns pode forçar outros ao fechamento, é a *ausência* de abertura espiritual que fornece a marca invariável e infalível de todo e qualquer fundamentalismo. Em geral, a abertura encoraja, promove e alimenta a própria abertura – enquanto o fechamento encoraja, promove e alimenta o próprio fechamento. Amin Maalouf, autor libanês que mora na França e escreve em francês, tem refletido sobre a reação das "minorias étnicas", ou seja, os imigrantes, às pressões culturais conflitantes a que são submetidos no país em que foram morar. A conclusão de Maalouf é que, quanto mais os imigrantes percebem que as tradições de sua cultura de origem são respeitadas no país de adoção, e quanto menos eles próprios se veem antipatizados, odiados, rejeitados, atemorizados, discriminados e mantidos a distância por conta de sua identidade diferente, mais atraentes se tornam para eles as opções culturais do novo país, e menos rígida a forma como se apegam àquilo que os distingue. As observações de Maalouf, como ele sugere, são de máxima importância para o futuro do diálogo intercultural. Elas confirmam nossas suspeitas e conjecturas prévias: há uma correlação estrita entre o grau de falta de ameaça percebida, por um lado, e o "desarmamento" do tema da diferença cultural, por outro – como consequência da superação de impulsos no sentido da separação cultural e de uma concomitante disposição a participar da busca de uma humanidade comum.

Com muita frequência, é o sentimento de ser mal acolhido e considerado culpado sem ter cometido crime, de se imaginar ameaçado e inseguro (dos dois lados da suposta fronteira, tanto entre os imigrantes quanto na população nativa), que se torna o principal e mais potente estimulante da suspeita mútua, seguida de separação e rompimento de comunicação – levando a teoria do multiculturalismo a degenerar na realidade do "multicomunitarismo". Não se trata de um problema único, mas de um desafio que nós, em particular os pedagogos, teremos de enfrentar por muito tempo ainda, pois não há perspectiva de que o influxo de "estranhos" diminua, e muito menos se interrompa – independentemente do que possam prometer os políticos que têm em mira a vitória na próxima eleição.

Em fabuloso ensaio sobre uma das escolhas de que dispomos, Richard Sennett sugere que a "cooperação informal, espontânea, é a melhor forma de vivenciar a diferença".[4] Cada palavra dessa fórmula é crucial. Quanto à "informalidade", ela significa que não há regras de comunicação fixadas de antemão; acredita-se que se desenvolverão por si mesmas, pois tendem a mudar, de qualquer forma, à medida que a comunicação vai se ampliando em termos de abrangência, profundidade e substância: "Os contatos entre pessoas com diferentes habilidades ou interesses são ricos quando desordenados, mas pobres quando passam a ser regulados." "Espontaneidade" significa que o resultado deve seguir a comunicação (em tese, prolongada), em vez de ser fixado unilateralmente por antecipação: "Você quer saber como é outra pessoa sem saber aonde isso vai levar; em outras palavras, quer evitar a regra férrea da utilidade que estabeleceu um objetivo definido – um produto, uma política objetiva – previamente." E, afinal, "cooperação": "Você parte do pressuposto de que os diferentes partícipes vão ganhar com o intercâmbio, e não de que um deles vá ganhar à custa dos outros." Eu acrescentaria: você precisa aceitar que, nesse jogo, ganhar, assim como perder, só é concebível *em conjunto*. Ou *todos* ganhamos ou *todos* perdemos. *Tertium non datur* ("não há terceira opção").

Sennett resume sua recomendação da seguinte maneira: "Ruas e escritórios tornam-se desumanos quando o que governa é a rigidez, a instrumentalidade e a competição; tornam-se humanos quando promovem interações informais, espontâneas e cooperativas."

Presumo que todos nós, convocados e desejosos de ensinar, podemos e devemos aprender nossa estratégia com o lacônico mas abrangente preceito trinitário articulado por Richard Sennett. Aprendê-la nós mesmos a fim de colocá-la em operação – mas também, e o que é mais importante, transmiti-la aos convocados e desejosos de aprender conosco.

· 16 ·

Do "capitalista" de Lacan ao "consumista" de Bauman

RICCARDO MAZZEO: A passagem do fordismo – no qual um trabalhador ou trabalhadora podia, tipicamente, permanecer por toda a vida com o mesmo empregador, morando na mesma cidade, com o mesmo cônjuge – para o novo paradigma da modernidade líquida provocou, como você mostrou em *Amor líquido* e outros textos, uma transformação no campo das relações sexuais e afetivas. Jacques Lacan, num discurso de 1969, em Milão, formulou uma teoria sobre a mudança do Discurso do Mestre – que, penso eu, corresponde ao fordismo – para o Discurso do Capitalista, em que a dinâmica do poder é fragmentada, desmembrada, dispersa, líquida, e no qual o antagonismo da dialética senhor-escravo (mas também sua estabilidade e lealdade) dá lugar ao poder absoluto do mercado. Hoje, homens e mulheres estão à deriva, sem nenhuma âncora, e não existe autoridade, ainda que castradora, que lhes dê um senso de direção. Nessa condição, os indivíduos se confrontam com a tarefa de se reinventar dia após dia em busca de um meio de salvação que devem descobrir por si mesmos.

A infinita liberdade de que os indivíduos usufruem em nossa época assinala uma inversão da prescrição ética – não nos pedem mais para adiarmos o prazer a fim de construirmos um futuro melhor para os que virão depois de nós (Kant), mas, em vez disso, somos estimulados a Usufruir Agora (Sade). Você comentou maravilhosamente essa condição em *44 cartas do mundo líquido moderno*:

> Algumas décadas atrás, esse tipo de "complexo de impaciência" foi sintetizado na famosa reclamação de Margaret Thatcher contra o Sistema Nacional de Saúde britânico e as razões que apontou para explicar por que era melhor deixar ao mercado a prestação de serviços médicos: "Quero um médico de minha escolha no momento que eu quiser." Pouco tempo depois, inventaram-se os meios – varinhas mágicas no formato de cartão de crédito; mesmo que não realizasse integralmente o sonho da sra. Thatcher, o cartão pelo menos contribuiu para torná-lo plausível e crível.[1]

Essa prescrição de usufruir tem pulverizado as relações amorosas da forma como tradicionalmente as conhecíamos, enquanto os elementos da incerteza, da dificuldade e do risco, que são parte do namoro e das histórias de amor dignas desse nome, têm sido desacreditados e são considerados mera perda de tempo. Agora podemos solicitar sexo on-line verificando um menu com inumeráveis amantes disponíveis (chegando a 2,5 milhões de diferentes oportunidades, segundo o site que você menciona):

> obter sexo é agora "como pedir uma pizza. ... Agora você pode conectar-se à internet e pedir genitália". Não há mais necessidade de flertar ou fazer a corte, não é preciso empenhar todas as energias para obter a aprovação do(a) parceiro(a), nem mover mundos e fundos para merecer e conquistar o consentimento do outro.[2]

Obviamente, após certo número de encontros sexuais casuais, desprovidos de qualquer poesia, a pessoa acaba se sentindo ainda mais triste e solitária. Foi esse vazio abissal que, creio eu, gerou o que Massimo Recalcati definiu como "os novos sintomas" que cada vez mais afetam nossas crianças. Em seu livro de "elogio ao fracasso", Recalcati escreve:

[Existe uma] conexão entre a atual epidemia e a vida nas sociedades pós-industriais baseadas no narcisismo e no mito do consumo. Bulimia e anorexia representam a expressão patológica desses dois mitos de nossa época. Os bulímicos manifestam o puro mito do consumo – abocanham, mastigam e trituram tudo. Mas o vômito prova a impossibilidade de preencher o buraco que fica no cerne de seu ser e revela a ilusão que sustenta o Discurso do Capitalista – tudo pode ser comprado, menos o amor. O amor é um presente inestimável, não um objeto lançado no mercado para ser vendido pela maior oferta, ele é totalmente livre. Os anoréxicos, por outro lado, rejeitam a lógica do consumo. ... Devotam-se ao culto narcisista do corpo esbelto. É um culto privado, autista e antissocial, um culto mortal que leva a uma irreversível perda de peso. É um culto perverso da autoimagem que afeta não apenas os anoréxicos, mas todo o corpo social. ... É a nova forma histórica assumida pela falsa democracia do mercado nos países industrializados mais avançados – o sujeito é literalmente empanturrado de prazer, mas ao mesmo tempo instigado a consumir mais e mais, de modo que o consumo em si abre espaço para outra pseudonecessidade. ... é o que Lacan define como a astúcia do Discurso do Capitalista. O que nos fazem esquecer é que nos seres humanos a necessidade não é um déficit a ser corrigido, mas a condição de toda criação.[3]

Essa citação parece a maneira como, em "Sozinhos no meio da multidão", a segunda das 44 cartas, você definiu a compulsão de nossas crianças se manter constantemente conectadas com seus pares pelo Facebook ou Twitter, a atrofia da criatividade: "Se você está sempre 'conectado', pode ser que nunca esteja verdadeira e completamente só. Se você nunca está só, ... 'tem menos chance de ler um livro por prazer, de desenhar um retrato, de contemplar uma paisagem pela janela e imaginar mundos diferentes do seu'."

Os novos sintomas não se limitam à anorexia e à bulimia; também incluem o abuso de drogas, a depressão e os ataques de pânico. O que têm em comum é a fuga de um relacionamento com um sujeito humano. Os relacionamentos com seres humanos são difíceis, arriscados e imprevisíveis, enquanto a fixação a objetos é calmante – seja ele uma garrafa, uma dose de heroína, uma carreira de cocaína, um item da coleção de um designer, uma geladeira a atacar ou um iPhone que permanece conectado com todo mundo. Objetos são fáceis de obter e mais ainda de jogar fora.

ZYGMUNT BAUMAN: Você está absolutamente certo – não há nada em sua exposição do tema que eu pudesse ou quisesse questionar.

Só mais uma observação que eu gostaria de acrescentar a seu argumento: a guerra travada pelo "discurso do consumismo" (em minha visão, a descrição adequada dos fenômenos que você descreve e que o preocupam – o "Discurso do Capitalismo" era bem diferente na época da sociedade de *produtores*) é contra qualquer satisfação de necessidades, desejos, ambições e anseios humanos que não passe pelo caminho das lojas – ou não seja mediada pela aquisição e o uso de mercadorias, e portanto não envolva dinheiro trocando de mãos (e o discurso político endossa essa guerra, indiretamente, ao avaliar a qualidade da sociedade de acordo com dados do PNB). Ele até milita contra a busca de divertimento – a cujo serviço supostamente devota seus esforços e energia – se esta ignora os shoppings em seu caminho. Os mercados de consumo expandem-se, prosperam e lucram ao "comodificar" a busca de diversão, conforto e felicidade; e isso exige aviltar, reprimir e extirpar todas as formas dessa busca que resistam a ser desviadas para um desejo por mercadorias que tenham um preço afixado.

Um aspecto da condição humana particularmente atraente para os especialistas em marketing (por oferecer oportunidades de expansão em aparência infinitas) é a ambivalência das necessidades e dos desejos humanos (que você ilustra com brilho ao citar Massimo Recalcati sobre bulimia versus anorexia: o caráter inconciliável de dois desejos e necessidades igualmente poderosos, devorar as coisas e permanecer magro e esbelto – ou seja, na posição de devorar; uma contradição já conhecida entre os patrícios participantes dos banquetes da antiga Roma, descritos por Petrônio, que usavam penas para coçar a garganta e vomitar a fim de abrir espaço no estômago para delícias ainda maiores). A natureza humana está cheia desse tipo de ambivalência. Apenas alguns exemplos que me vêm à mente: segurança versus liberdade, autonomia versus pertencimento, privacidade versus aprovação social... Em cada um desses pares de oposições, os dois valores são indispensáveis; o problema, contudo, é que é terrivelmente difícil realçar um deles sem prejudicar e diminuir o outro. Quanto mais nos aproximamos de um dos polos da oposição, maior nosso desejo de fazer uma curva de 180 graus. Vacilamos, lutamos, esperneamos... Uma perpétua inclinação pendular a mudar de direção, por assim dizer – e portanto também o medo de chegar a um ponto sem retorno, irrevogável. Parece-me que o cerne das táticas de marketing é jogar com essa ambivalência. A maior oportunidade de captar a atenção de potenciais clientes e estimulá-los a comprar é a promessa de que poderão "ganhar dos dois lados"; ter prazer sem medo de consequências indesejadas; ou pelo menos se faz a oferta de deslocar a preocupação para uma prateleira distante, como na insidiosa tentação do "aproveite agora, pague depois", cuja responsabilidade tanto pelo festim consumista quanto pelo recente colapso do crédito não é pequena.

Todas essas lutas têm consequências que vão muito além da inconveniência individual. Algumas das mais importantes se relacionam ao enfraquecimento e à deterioração dos vínculos humanos – que não se restringem ao que você descreve como pulverização das relações amorosas. Todos nós conhecemos muito bem os aspectos salutares e terapêuticos dos mercados de commodities, e os conhecemos por sua autópsia: por nossa própria experiência cotidiana. Conhecemos o sentimento de culpa de ser incapaz de gastar dinheiro suficiente com nossos entes mais próximos e queridos, a família e os amigos; de ouvir seus problemas com a atenção e a compaixão que estes exigem; de estar "sempre aqui para você", de estar pronto a abandonar o que quer que estejamos fazendo no momento e correr para ajudar ou apenas compartilhar as dores e oferecer consolo. Mesmo assim, essas experiências estão se tornando cada vez mais comuns em nossas vidas apressadas. Só para dar um exemplo fortuito dessa tendência: enquanto vinte anos atrás 60% das famílias americanas tinham regularmente jantares em família, agora apenas 20% delas costumam reunir-se à mesa de jantar.

Muitos de nós estamos dominados pelas preocupações decorrentes de nossas relações cotidianas com chefes, colegas de trabalho ou clientes; a maioria leva essas preocupações aonde quer que vá, em seus laptops e telefones celulares – para nossas residências, passeios de fim de semana, hotéis de férias; nunca estamos a uma distância do escritório que supere um telefonema ou mensagem de texto –, constantemente às ordens. Para sempre conectados, como estamos, à rede do escritório, não temos desculpa para não usar os sábados e domingos para concluir o relatório ou projeto a ser entregue na segunda-feira. A "hora de fechar" nunca chega ao escritório. A fronteira, antes sacrossanta, que separa lar e escritório, jornada de trabalho e "tempo livre" ou "horário de lazer" foi quase eliminada; todo e qualquer momento da vida se transforma num momento de escolha – uma escolha séria, dolorosa e muitas vezes seminal, entre a carreira e as obrigações morais, os deveres do trabalho e as demandas de todas aquelas pessoas que precisam do nosso tempo, de nossa compaixão, carinho, ajuda e socorro.

Obviamente, os mercados de consumo não vão resolver esses dilemas para nós, muito menos afastá-los ou torná-los nulos e inválidos; e não temos a expectativa de que o façam. Mas eles podem estar (e estão) ávidos por nos ajudar a mitigar e até a eliminar as aflições de uma consciência culpada. E o fazem mediante os presentes preciosos e excitantes em oferta, os quais você pode espiar nas lojas ou pela internet, comprar e usar para fazer com que aquelas pessoas famintas de seu amor sorriam e se regozijem – ainda que por um breve momento. Somos treinados para ter a expectativa de que presentes comprados em lojas possam compensar essas pessoas por todo o tempo face a face, mão na mão, que lhes deveríamos ter oferecido, mas não oferecemos; quanto mais caros esses presentes, maior a compensação que se espera que ofereçam a seus destinatários, e consequentemente maior o impacto calmante e tranquilizante sobre as aflições de consciência do doador.

Comprar, portanto, torna-se uma espécie de ato moral (e vice-versa: os atos morais conduzem às lojas). Esvaziar a carteira ou debitar no cartão de crédito assume o lugar do autoabandono e do autossacrifício exigidos pela responsabilidade moral pelo Outro. O efeito colateral, evidentemente, é que, ao anunciar e entregar analgésicos morais comercializados, os mercados de consumo apenas facilitam, em vez de evitar, o enfraquecimento, o definhamento e a desagregação dos vínculos inter-humanos. Em vez de ajudar a resistir às forças que fazem esses vínculos se romper, eles colaboram para sua emaciação e gradual destruição.

Tal como a dor física assinala problemas orgânicos e induz a uma ação terapêutica urgente, os escrúpulos morais sinalizam os perigos que ameaçam os vínculos inter-humanos – e induziriam a uma reflexão mais profunda e a ações mais enérgicas e adequadas se não fossem suavizados pelos tranquilizantes e analgésicos morais fornecidos pelo mercado. Nossas intenções de fazer o bem aos outros foram comercializadas. No entanto, não é aos mercados de consumo que se deve atribuir a responsabilidade maior, muito menos total, por isso ter acontecido. Por ação ou omissão, os mercados de consumo são *acessórios* em relação ao crime de provocar a dissolução dos vínculos inter-humanos – acessórios tanto antes quanto depois de cometido o crime.

Se o nível de consumo determinado pela sobrevivência biológica e social, por sua natureza, é estável, os níveis exigidos para satisfazer as outras necessidades que o consumo promete, espera e exige atender são, novamente por sua natureza, orientados de forma inerente para cima, e eles sobem; a satisfação dessas necessidades acrescidas não depende da manutenção de padrões estáveis, mas da velocidade e do grau de sua ascensão. Os consumidores que procuram o mercado de commodities em busca da satisfação de seus impulsos morais e da realização de seus deveres de autoidentificação (leia-se: "autocomodificação") são obrigados a buscar diferenciais de valor e volume, de modo que esse tipo de "demanda do consumidor" é um fator poderoso e irresistível no impulso para cima. Assim como a responsabilidade ética pelos Outros não aceita limites, o consumo investido da tarefa de desafogar e satisfazer os impulsos morais não tolera qualquer tipo de restrição que se tente impor à sua ampliação. Equipados para a economia consumista, impulsos morais e responsabilidades éticas são transformados, ironicamente, num obstáculo terrível quando a humanidade se vê confrontada com aquela que talvez seja a mais formidável ameaça à sua sobrevivência: uma ameaça que, para que se possa enfrentá-la, vai precisar de um grande volume, talvez sem precedentes, de autorrestrição voluntária e disposição para o autossacrifício.

· 17 ·

Zizek e Morin sobre o monoteísmo

Riccardo Mazzeo: Nos sete últimos anos, li seis livros e inúmeros artigos de Slavoj Zizek, em minha opinião um filósofo lacaniano muito interessante, embora nem sempre convincente, e pela primeira vez encontrei seu nome citado por esse pensador bizarro e talentoso. Foi no artigo "Ladrões de lojas de todo o mundo, uni-vos", publicado em 19 de agosto de 2011 na *London Review of Books*, onde ele debate o significado dos recentes distúrbios. No início sua análise é adequada:

> Ficam nos dizendo que estamos atravessando uma crise da dívida e que todos temos de compartilhar o fardo e apertar os cintos. Quer dizer, todos menos os (muito) ricos. A ideia de cobrar mais impostos deles é um tabu; se o fizéssemos, reza o argumento, os ricos não teriam incentivos para investir, menos empregos seriam criados e todos sofreríamos. A única forma de nos salvarmos desses tempos difíceis é fazer os pobres ficarem mais pobres e os ricos mais ricos. O que os pobres deveriam fazer? O que *podem* fazer?

Zizek é muito perspicaz ao explicar a debilidade tanto da reação conservadora, previsivelmente incorporada à posição de Cameron, quanto a não menos previsível e ingênua reação da esquerda. Finalmente chega ao que é importante:

Zygmunt Bauman caracterizou os distúrbios como ações de "consumidores excluídos e desqualificados": mais que qualquer outra coisa, eles foram a manifestação de um desejo consumista que se expressa violentamente quando se percebe incapaz de se realizar da maneira "adequada" – por meio da compra. Como tal, eles também contêm um momento de protesto genuíno, na forma de uma resposta irônica à ideologia consumista: "Vocês nos pedem que consumamos enquanto simultaneamente nos privam dos meios de fazê-lo de forma adequada – então estamos fazendo do único modo que podemos!" Os distúrbios são uma demonstração da força material da ideologia – talvez seja este o fim da "sociedade pós-ideológica". De um ponto de vista revolucionário, o problema dos distúrbios não é a violência em si, mas o fato de ela não ser verdadeiramente categórica. É a raiva e o desespero impotentes sob a máscara de uma demonstração de força; é a inveja disfarçada de folia triunfante.

Zizek também concorda com você sobre os *indignados*, a que falta "um projeto positivo de mudança sociopolítica. Eles expressam um espírito de revolta sem revolução".

Não concordo com Zizek quando ele define os distúrbios como uma *passage à l'acte* e diz que a religião, à medida que fornece o "significado absoluto", engendra o terrorismo. Sou agnóstico, mas creio que nossa época cínica se beneficiaria de alguma transcendência, algum senso religioso que não necessariamente implique fanatismo e que não seja, estritamente, uma "religião". Como diz Edgar Morin:

A questão é criar um diálogo entre fé e incerteza. Não estou falando de fé religiosa, já que não tenho nenhum credo, mas sobre fé em valores, fé na possibilidade de melhorar as relações humanas – fé no valor da fraternidade. Acho que esse tipo de fé não pode ser provado cientificamente porque nada garante que tal esforço venha a ser bem-sucedido. ... Dei como exemplo o acasalamento de baleias da forma como nosso grande Michelet o descreveu. Ele imaginou que, para duas baleais se acasalarem, fêmea e macho tinham de ascender verticalmente, de modo a que, por um breve momento, o órgão genital do macho pudesse encontrar o da fêmea. As baleias tentariam muitas vezes, sem sucesso, até que finalmente conseguissem copular. Escolhi essa metáfora porque sinto que, no domínio da ética e da vida social e política, temos de agir dessa maneira, com esforços enormes e desperdício de sêmen, para afinal conseguirmos obter um resultado! E não se pode garantir um resultado, mas precisamos tentar, no plano da ética, fazer como as baleias.[1]

ZYGMUNT BAUMAN: Apenas para esclarecer a questão: um politeísta também pode ser uma pessoa profundamente religiosa – o Panteão dos antigos romanos estava repleto de deuses, mais e mais deles a cada ano, à medida que novas províncias continuavam sendo acrescentadas ao Império Romano em expansão. O que Zizek e Morin tacitamente assumem nas declarações citadas por você, assim como todos ou quase todos os seus leitores, é a natureza *monoteísta* da religião, não a religião *em si*; isso significa as atitudes específicas das três "religiões mundiais", todas descendentes de Jerusalém. Bem, para todas três, "chegar a um consenso" exigiria o abandono e a traição da fé, já que seu tipo de fé se baseia no pressuposto da existência de um único Deus. Esse pressuposto justifica a alegoria de Michelet/Morin do sexo entre as baleias, em particular quando pessoas religiosamente agnósticas tentam compreender e tornar inteligível a conduta de pessoas religiosas. Mas é possível imaginar que se chegue a um consenso que envolva a permissão de permanecer fiel aos respectivos deuses dos anuentes; uma aceitação de que as diferenças entre crenças religiosas não são obstáculos no caminho da boa vontade numa convivência pacífica e mutuamente benéfica. A propósito, pessoas dos três credos monoteístas participaram do saque aos supermercados de Londres sem cortar as gargantas umas das outras e sem lutar pelos espólios. Poderíamos presumir que a experiência de cooperação, a despeito de seus monoteísmos, nessa variedade repulsiva de ação referente a um "monotema" não possa ser estendida a causas mais nobres e louváveis? Eu lembraria nesse ponto a "cooperação informal, irrestrita" de Richard Sennett, um modelo totalmente realista de comunicação cooperativa a que se adere sem pressupostos e sem colocar a carroça na frente dos bois – ou seja, a solução final antes do debate. Afinal, tanto conversar uns com os outros quanto atirar uns nos outros podem ser comparados ao destino lancinante, tortuoso e arriscado das baleias famintas por sexo. As duas atitudes exigem um tremendo esforço e nenhuma delas é garantia de sucesso; os respectivos méritos deveriam ser mensurados por critérios outros que não a dificuldade da tarefa ou a probabilidade de êxito.

Outro comentário à margem: o movimento dos indignados é de fato, em alguns casos (como nos distúrbios de Londres), uma "revolta sem revolução"; mas, no geral, como fenômeno de reivindicação "direta" ou "imediata", parece caminhar no rumo de uma "revolução sem revolucionários". Eles assumem o status quo, por assim dizer, "ao pé da letra", e portanto o confrontam com o volume total das ambições que ele inspira e oficialmente endossa – um volume que excede em muito sua capacidade de sustentá-lo. Assim, as demandas, junto com os próprios não revolucionários, tendem a conseguir um feito verdadeiramente revolucionário: desacreditar o status quo, desnudar sua impotência e, portanto, induzir ao seu colapso.

· 18 ·

A *petite madeleine* de Proust e o consumismo

RICCARDO MAZZEO: Em 2 de setembro de 2011, consegui assistir à palestra que você deu numa conferência em Sarzana, durante o Festival della Mente. Ouvi-lo é sempre empolgante, e o resto da plateia obviamente sentiu o mesmo, pois você obteve muitas rodadas de aplausos, que no final brotaram como uma tempestade poderosa e libertadora.

Dessa vez percebi uma mudança de estilo – você falou sobre as redes sociais como uma enorme inovação, que, tal como a multiplicação dos pães e dos peixes por Jesus Cristo, torna subitamente abundante e até ilimitado o que antes era dolorosamente escasso e difícil. No novo cenário social, uma massa de indivíduos abandonou a mesa da cozinha em torno da qual compartilhavam o jantar com suas famílias para abraçar com frenesi novas engenhocas, roupas de grife e solidão. Essa massa de indivíduos agora descobriu como fazer "amigos" no Facebook.

Você não atacou essa inútil proliferação de contatos que nada têm a ver com as autênticas relações humanas. Disse que não é um profeta, e que cabe a nós decidirmos se é melhor viver numa comunidade ao estilo antigo, exigindo de seus membros compromisso e devoção, que eles não podem abandonar sem ficar marcados pela vergonha e pela desgraça, ou se essa nova modalidade de interação social que pode ser suspensa simplesmente pressionando-se a tecla de deletar. Você sempre foi socrático, mas essa suspensão do juízo e sua preocupação com todos os seres humanos que leem seus ensaios e ouvem suas falas inflamaram a atmosfera; no final de sua exposição, de modo quase mágico, teve início uma tempestade, sem dúvida nos impulsionando a sairmos desse impasse, a interrompermos a tortura de Sísifo e acabar com a lógica do consumo insensato que produz ainda mais consumo e desperdício. Temos de lutar contra os especialistas em marketing, que, por exemplo — e estou lendo isso no jornal de ontem (*La Stampa*, 5 de setembro de 2011) —, divisaram mais uma estratégia de persuasão que consiste em criar incensos artificiais com os aromas das comidas apetitosas de nossa infância.

Graças à tecnologia da nebulização, a cadeia de supermercados Netcost, do Brooklyn, aumentou suas vendas em 5% nos três últimos meses. Mas o sucesso mais impressionante foi o da Nike, que teve um aumento de 80% nas vendas. Claudio Risé, psicoterapeuta e autor de *Guarda, tocca, vivi*,[1] diz que estimular os sentidos é o último recurso para sensibilizar consumidores que se tornaram impermeáveis a todas as outras técnicas de marketing, citando "os sempre novos territórios de caça" que você mencionou em *A ética é possível num mundo de consumidores?*. Realmente, que outras oportunidades nós temos, se até a *petite madeleine* de Proust é explorada como o último recurso para reforçar nossa identidade pessoal como consumidores mudos e crédulos?

Zygmunt Bauman: Prazer, conforto, conveniência e redução do esforço, satisfação instantânea, sonhos virando realidade e atenuando realidades demasiado incômodas para serem descartadas como sonhos (ou fantasmas, ou produtos da fantasia) — são essas as promessas, as apostas, os estratagemas de uma economia dirigida pela ganância e operada pelas compras. O fazer e desfazer amizades é apenas exemplo de uma estratégia aplicada universalmente. Você a formulou do modo correto ao lado da última promessa, dessa vez de tornar disponíveis (nas lojas, obviamente), sob encomenda, as doces memórias da infância: chega da laboriosa "*busca* do tempo perdido", na verdade, chega de *tempo perdido*; não é preciso mais um gênio como Proust para encontrá-lo, ressuscitá-lo e recuperá-lo – um cartão de crédito pode muito bem dar conta disso, obrigado!

Será que nós, consumidores forçados, somos crédulos? Muito provavelmente sim. Mas mudos? Não necessariamente. Quem em sã consciência não preferiria a facilidade ao trabalho duro? A promessa consumista chegou na crista de anseios seculares; pode ser uma falsa promessa, enganosa e ilusória, mas de forma alguma se pode considerá-la sem atrativos, e sem dúvida ela não está fora de sintonia com uma "predisposição natural" (Freud apontou a indolência inata do ser humano como uma das principais razões da necessidade de coerção; despidos de poderes coercitivos, os gênios do marketing conseguiram substituir a coerção pela sedução).

A tentação consumista é criada para ser um estímulo à ação – ou, mais precisamente, um desvio da atividade, esse antônimo da indolência, para atender ao que produz lucro, em vez de produzir a rotina e a disciplina, que era o principal objetivo da coerção. A submissão às tentações consumistas é um ato de servidão voluntária. Para usar uma nova expressão em moda, é "pró-ativa": presume uma escolha e uma ação positivas. Talvez seja isso que torna a armadilha tão excepcionalmente difícil de resistir e mais ainda de desarmar. Afinal, uma vida para o consumo é vivenciada como a suprema expressão da autonomia, da autenticidade e da autoafirmação – os atributos (na verdade, as modalidades) sine quibus non do sujeito soberano. É por essa razão que a orientação consumista consome (ou pelo menos ela taxa pesadamente) a energia vital que poderia ser empregada a serviço dos outros interesses humanos aos quais se recorre – compromisso, devoção, responsabilidade.

· 19 ·

Sobre combustíveis, faíscas e fogueiras

RICCARDO MAZZEO: Semana passada, no sábado, 10 de setembro, fui com minha mulher e minha filha à cidade de Rovereto para protestar contra uma corrida de bicicletas, a Padania Tour. Há muito tempo eu não me juntava a uma multidão invadindo uma rua ou uma praça. Mas, nesse caso, minha família iria participar de qualquer maneira, e eu não queria que ela fosse sem mim. Eu concordava plenamente com a rebelião contra o partido racista da Liga Norte, que deseja que a chamada Padania seja reconhecida como uma parte da Itália especial, diferente, *melhor*. Não mais acostumado a esse tipo de experiência predominantemente juvenil, e tentando me lembrar do que Canetti escreveu sobre as multidões em *Massa e poder*, senti-me como um entomólogo, e minha jovem filha observou que minhas roupas sóbrias, meus óculos ray-ban e os cinco jornais que levava sob o braço me faziam parecer um agente infiltrado. Diante das fileiras de policiais antidistúrbios, éramos um grupo altamente diferenciado: jovens agressivos de extrema esquerda, nossa associação "partidária" (antifascista), determinada porém moderada, alguns comunistas e até os coloridos mazzinianos (seguidores de Mazzini – ressurgidos dos mortos). Três horas depois, houve um pequeno conflito com a polícia, um ataque de cassetetes contra a linha de frente dos manifestantes, mas a rota dos ciclistas foi alterada, e ficamos satisfeitos com o resultado.

Eu lhe conto essa história sem importância porque as praças estão sendo invadidas por toda parte. O que você acha desse tipo de "primavera"?

Zygmunt Bauman: "A Primavera Árabe desencadeia rebeliões populares contra autocratas por todo o mundo árabe. O Verão Israelense leva às ruas 250 mil israelenses em protesto contra a falta de moradias acessíveis e a forma como o país é dominado por um oligopólio de comparsas capitalistas. De Atenas a Barcelona, praças de cidades europeias são ocupadas por jovens em protesto contra o desemprego e a injustiça da crescente desigualdade de renda" – assim escreve Thomas L. Friedman no *New York Times*.[1]

As pessoas ocuparam as ruas. E também as praças públicas. Primeiro na Václavské Námestí, em Praga, já em 1989, e logo depois numa sequência de capitais dos países do bloco soviético. Então, de forma espetacular, na principal praça da cidade de Kiev. Em todos esses lugares, e em alguns outros também, novos hábitos começaram a ser testados; não mais uma marcha, uma manifestação que sai de um ponto de encontro para determinado destino; em vez disso, uma espécie de ocupação permanente ou um cerco destinado a durar enquanto as exigências não forem atendidas.

Depois de testado e comprovado, o novo estilo há pouco se transformou em norma. As pessoas tendiam a ocupar as praças públicas com a clara intenção de lá permanecer por um bom tempo – o tempo necessário para que conseguissem ou obtivessem a garantia do que estavam desejando. Levavam consigo tendas e sacos de dormir para mostrar sua determinação. Outras iam e voltavam, mas de modo regular, todo dia, toda noite ou uma vez por semana. O que faziam quando estavam na praça? Ouviam discursos, aplaudiam ou vaiavam, portavam cartazes ou bandeiras, gritavam ou cantavam. Queriam que alguma coisa mudasse. Em cada caso, essa "coisa" era diferente. Ninguém sabia se o significado era idêntico para todos que ali estavam. Para muitos, esse significado estava longe de ser claro. Mas, independentemente do que fosse essa "coisa", eles saboreavam a mudança que já estava acontecendo; ao permanecer dia e noite na Rothschild ou na praça Tahrir, cercados por multidões evidentemente sintonizadas na mesma faixa de onda emocional, assim era a mudança, realmente acontecendo e sendo desfrutada. Verbalmente ensaiada no Facebook e no Twitter, afinal era vivenciada em carne e osso. E sem perder as características que a tornavam tão atraente quando praticada na web: a capacidade de desfrutar o presente sem comprometer o futuro, direitos sem obrigações.

A experiência inebriante da intimidade, talvez, quem sabe, da solidariedade. Essa mudança, que já está ocorrendo, significa: cada pessoa não está mais sozinha. E não foi preciso muito esforço para consegui-lo, pouco mais que trocar o "t" pelo "d" na desagradável palavra "solitário". Solidariedade por encomenda, que dura enquanto durar a demanda (e nem um minuto a mais). Solidariedade nem tanto em compartilhar a causa escolhida como em ter uma causa; você, eu e todo o resto de nós ("nós", o povo na praça) com um propósito, e a vida com um significado.

Nem todas as pessoas que vão para as ruas se dirigem à praça e lá permanecem. A experiência de "todos nós ali" talvez seja mais fogo de palha que uma peregrinação – em Londres, Birmingham, Manchester ou Bristol ela durou pouco tempo. Sem a pretensão de uma causa. Sem tempo para a solidariedade. Sem ansiar por um significado – a diversão vai servir muito bem, obrigado. Alegria a ser consumida no ato. Realização agora. Satisfação instantânea. Não é isso a substância da vida dos consumidores? Quatro adolescentes que participaram de saques em bairros de Londres disseram à Sky News que fora como uma "farra de compras".[2] Realmente, uma farra de compras. A única diferença em relação a outras farras foi a ausência de dinheiro e cartões de crédito; uma farra de compras feita sob medida para pessoas que não os têm.

Uma das principais metáforas para uma multidão (tanto "em movimento" quanto "estacionária") é, segundo Elias Canetti, uma fogueira. E não admira: as fogueiras esquentam, tal como o aconchego do pertencimento; algumas vezes, porém, ficam quentes demais, irrompem em chamas sem advertência, ficam fora de controle e queimam – da mesma forma como muitas vezes ocorre com as multidões. Os combustíveis que podem ser usados para manter o fogo aceso diferem entre si. Todos eles são inflamáveis, mas, quando acesos, alguns ardem e brilham suavemente; outros, porém, explodem a partir de uma simples faísca.

Voltando da metáfora da fogueira para o que ela significa, as multidões que fluem pelas ruas até as praças das cidades: algumas delas estão prontas para explodir, outras se destinam a arder e brilhar suavemente. É verdade que tanto umas quanto outras precisam de uma faísca para acendê-las ou inflamá-las; o que se segue à ignição, contudo, não é determinado pela faísca, mas pelas propriedades dos combustíveis – ainda que diferentes tipos de faíscas possam atrair diferentes tipos de multidões. Com o advento de meios portáteis de comunicação de massa instantânea, as faíscas continuarão pelos ares, mas não são os dispositivos eletrônicos, embora inteligentes, que determinam a incidência e a natureza das explosões sociais. Isso é pouco compreendido (ou poucos desejam compreender) pelas pessoas responsáveis pela produção e acumulação em massa de explosivos (sobretudo a desigualdade social crescente, gritante e desumanizante, assim como a produção em massa de consumidores desqualificados em meio a uma sociedade de consumidores). O que move e orienta a sociedade encarregada de cuidar deles é demonstrado pela ideia de David Cameron de tirar do ar os sites sociais para evitar que as lojas sejam queimadas e saqueadas.

Friedman sugere:

> Há múltiplas e diferentes razões para essas explosões, mas, se é que elas podem ter um denominador comum, creio que se possa encontrá-lo em um dos slogans do levante da classe média israelense: "Estamos lutando por um futuro acessível." Por todo o mundo, grande número de pessoas de classe média e média baixa

agora sente que o "futuro" está fora de seu controle, e passa essa mensagem aos seus líderes.

Ele resume seu diagnóstico e suas recomendações:

Estamos cada vez mais afastando da classe média o crédito fácil, os trabalhos de rotina e os empregos e subvenções públicos – numa época em que se precisa de mais habilidade para obter e manter um emprego decente, em que os cidadãos têm mais acesso à mídia para se organizar, protestar e desafiar as autoridades, e em que essa mesma fusão de globalização com TI [tecnologia da informação] está criando enormes salários para pessoas dotadas de habilidades globais (ou para aquelas que aprendem o jogo do sistema e têm acesso a dinheiro, monopólios ou contratos com o governo por serem próximas de quem está no poder) – ampliando, assim, as diferenças de renda e estimulando ainda mais os ressentimentos.[3]

Ele pode estar certo...

Claramente, o mundo tal como o conhecíamos, ou pensávamos conhecer, está saindo dos eixos. Está acelerando a cada dia e, em tempo real, a cada dia ficando menor. As antigas certezas desapareceram. Os velhos remédios não funcionam. As velhas e confiáveis pranchetas permanecem desocupadas ou produzem cópias de antigas plantas, como que num transe sonambúlico. As esperanças parecem só ter abrigo sob as tendas montadas em praças públicas.

Tendas cheias de som e fúria em busca de um significado...

· 20 ·

Sobre a maturidade da glocalização

RICCARDO MAZZEO: Este é nosso último diálogo, Zygmunt. Hoje é dia 19 de setembro de 2011 e conversamos sobre isso três dias atrás, em Modena, antes das duas últimas conferências, uma em Sassuolo, sobre "O que ficou da natureza", outra em Pordenone, intitulada "Não somos todos migrantes?". Nunca o vi com tanta frequência como nesses últimos meses, e de suas exposições extraí muitas noções que gostaria de analisar mais a fundo, mas temo que não iriam se adequar a estas páginas, e sobre a última delas vou escrever-lhe. De modo que me concentrarei em algumas coisas. A primeira é o sentimento de culpa que, como você disse, permeia as relações com nossas famílias. Como descuidamos de nossos filhos e parceiros para seguirmos nossas carreiras, os especialistas em marketing aproveitam nossa culpa para nos orientar em direção a formas de compensação (do último modelo de telefone celular ou iPhone até sapatos ou bolsas de grife) que sempre envolvem comprar alguma coisa. Gastamos um monte de dinheiro com presentes que levamos para nossos seres amados nos dias em que enfim conseguimos vê-los. O resultado é que temos menos tempo ainda para passar com nossa família – temos de trabalhar mais e ganhar mais dinheiro para comprar presentes mais caros. É um círculo vicioso que seria facilmente rompido se oferecêssemos nossa presença, atenção e carinho, em vez de objetos. Como você assinalou, se hoje estivesse vivo, Freud reescreveria *O mal-estar na cultura* levando em conta o fato de que nossa cultura não mais nos encoraja a reprimir e postergar o prazer, mas, em vez disso, nos estimula a desfrutar livremente todo o prazer e todos os bens que nossa sociedade de consumo pode oferecer.

Um grande intelectual italiano, Marco Belpoliti, em seu livro *Senza vergogna*, refere-se a Alain Ehrenberg para apresentar a ideia de "vergonha amoral". Você fez o mesmo em *44 cartas*.

A crescente insegurança a respeito da identidade que é típica da sociedade pós-moderna e as constantes humilhações a que nossa autoimagem é submetida causam o que Alain Ehrenberg chamou de "o peso de ser eu mesmo". Passamos de uma sociedade baseada na obediência e na disciplina a uma sociedade que valoriza e promove de modo incomum a crença de que, em todos os níveis, *tudo é possível*. Édipo, o símbolo da sociedade patriarcal, e do sentimento tipicamente burguês de culpa, é substituído pela vaidade, isto é, por Narciso e seu fascínio pelo espelho. Narciso traz a liberdade, mas também um crescente sentimento de vacuidade e impotência.[1]

Minha outra observação refere-se ao texto de Kant que você analisou em *Society under Siege*, um livro fascinante. O texto é *Ideia de uma história universal de um ponto de vista cosmopolita* (1784). Nele Kant afirma que, sendo nosso mundo uma esfera, "determinada distância não pode ser ampliada indefinidamente sem que isso a anule". A superfície do planeta em que vivemos não permite uma "dispersão infinita" – no final seremos todos vizinhos simplesmente porque não haverá outro lugar para onde ir. Assim, no fim teremos todos de suportar uns aos outros e de viver juntos.

Creio que esse momento chegou: hoje o global faz fronteira com o local, e vice-versa. Mick Jagger, vocalista e líder dos Rolling Stones, acaba de montar um supergrupo com Dave Stewart, dos Eurythmics, a jovem cantora de soul Joss Stone, o rei do reggae, Damian Marley, e o compositor indiano A.R. Rahman, ganhador do Oscar. Vi o primeiro vídeo e fiquei satisfeito em notar que ele não mostra as mudanças frenéticas comuns em termos de cenários, figurinos e penteados, nem o conjunto habitual de dançarinas e dançarinos esculturais e escassamente vestidos. No vídeo, só vemos músicos com vozes, origens étnicas e aparências diferentes cantando juntos, cada qual preservando sua singularidade e seu estilo musical próprios. Pode ser apenas mais uma operação de marketing bem-sucedida, mas me fez pensar sobre esses grupos de crianças que, em nosso primeiro diálogo, você disse que costumava ver de sua janela quando passavam a caminho da escola. Quarenta anos atrás, todos seriam compostos de crianças da mesma cor; hoje são todos diferentes.

ZYGMUNT BAUMAN:* Fica-se tentado a dizer que as invenções ou reinvenções sociais – tais como a possibilidade recém-inventada ou descoberta de devolver à praça da cidade o antigo papel de ágora, em que regras e governantes eram feitos e desfeitos – tendem a se espalhar "como um incêndio na floresta". Seria possível dizer isso, não fosse pelo fato de a globalização afinal ter invalidado essa metáfora consagrada pelo tempo. O fogo na floresta acontece por *disseminação*. Hoje as invenções sociais progridem por *saltos*.

As distâncias geográficas já não contam. Não são mais obstáculos, e suas extensões não determinam mais a distribuição das probabilidades. Nem tampouco a vizinhança e a proximidade física – é por isso que a metáfora do "efeito dominó", que implica proximidade física, na verdade a contiguidade de causa e efeito, perdeu muito, talvez a maior parte de sua precisão. Os estímulos viajam de maneira independente de suas causas; as causas podem ser locais, mas o alcance de suas inspirações é global; as causas podem ser globais, mas seus impactos são moldados e direcionados em âmbito local. Intricados na rede

---

* Texto publicado originalmente em *Isto não é um diário* (Zahar, 2012, p.180-4), com o mesmo título.

mundial, padrões imitados voam de modo quase aleatório no espaço extraterritorial – sem itinerários agendados e encontrando poucas barreiras ou postos de vigilância –, mas aterrissam sempre em pistas de pouso construídas localmente. Não se pode saber com antecedência em que pista irão pousar, por qual das inúmeras torres de controle serão identificados, interceptados e guiados a um campo de pouso local, assim como quantos desastres vão sofrer ao pousar e onde eles ocorrerão. O que torna perdido o tempo gasto com previsões e inconfiáveis os prognósticos é o fato de que as pistas de pouso e as torres de controle compartilham os hábitos das coisas que flutuam – são construídas ad hoc, para ganhar um só troféu selecionado, caçar uma única presa, e tendem a se desmantelar no momento em que a missão se completa.

Quem é aquele *al-Shahid* ("mártir", em árabe) que convocou sozinho as multidões a transformar a praça Tahrir, por alguns dias, numa ágora (temporária, ad hoc)? Ninguém tinha ouvido falar dele ou dela antes disso (leia-se: ele ou ela não estavam lá antes), ninguém reconheceu o homem ou a mulher por trás desse apelido (leia-se: ele ou ela não estavam lá) quando as multidões atenderam ao chamado... A questão, porém, é que isso pouco importa.

As distinções entre distante e próximo, ou aqui e lá, tornam-se quase nulas e inúteis quando transferidas para o ciberespaço e sujeitas à lógica on-line ou *on-air*; se não na imaginação, reconhecidamente inerte, morosa e preguiçosa, pelo menos em sua potência pragmática. Essa é a condição a que a *glocalização* – o processo de despir a localidade de sua importância ao mesmo tempo que se aumenta sua significação – visava desde o início. É hora de admitir que ela chegou lá; ou melhor, que ela nos levou (empurrou ou puxou) até lá.

Despir o lugar de sua *importância* significa que sua condição e potência, sua plenitude e seu vazio, os dramas nele desempenhados e os espectadores por eles atraídos não podem mais ser considerados assuntos privadamente seus. Os lugares podem propor (e de fato o fazem), mas quem agora dispõe são as forças desconhecidas, descontroladas, irrefreáveis e imprevisíveis que vagam no "espaço dos fluxos". As iniciativas continuam locais, mas suas consequências agora são globais, mantendo-se com teimosia para além do alcance do poder de seu local de nascimento para prever, planejar ou guiar; ou, nesse sentido, do poder de qualquer outro lugar. Uma vez lançadas, elas – como os conhecidos "mísseis inteligentes" – se veem total e verdadeiramente por conta própria. Também são "reféns do destino", embora o destino de que sejam reféns hoje seja composto e sempre recomposto a partir da permanente rivalidade entre pistas de pouso localmente traçadas e imitações feitas sob encomenda e logo pavimentadas. O mapa e os rankings atuais dos aeroportos existentes não têm importância aqui. E a composição de uma autoridade global do tráfego aéreo seria também desimportante caso existisse uma instituição como essa – o que não é o caso, como os pretendentes a esse papel hoje aprendem da maneira mais difícil.

"Toda vez que o governo divulgava alguma coisa, suas palavras eram de imediato superadas pelos eventos in loco", disse Robert Malley, diretor de programas do International Crisis Group para o Oriente Médio e o Norte da África. "E em questão de dias todas as conjecturas sobre a relação dos Estados Unidos com o Egito estavam invalidadas" – segundo a edição de hoje do *New York Times*. De acordo com as últimas informações sobre esse país transmitidas por Mark Mardell, editor da BBC para a América do Norte,

> a secretária de Estado americana, Hillary Clinton, telefonou para o novo vice-presidente e por duas décadas chefe do serviço de inteligência, Omar Suleiman, dizendo-lhe para aproveitar a oportunidade de transição para uma sociedade mais democrática. Essa transição deve começar agora. Ela disse que a violência era chocante e que eles deviam investigá-la e responsabilizar os culpados.

Poucas horas depois, líderes dos países considerados mais importantes da Europa – Merkel, Sarkozy, Cameron, Zapatero e Berlusconi –, numa declaração atipicamente unânime, repetiram o apelo/exigência de Hillary Clinton. Todos disseram o que disseram mais ou menos ao mesmo tempo que as câmeras da Al-Jazeera captavam um manifestante carregando um cartaz que estampava "Cale a boca, Obama!". A *significação* do lugar, ascendendo de modo independente em relação à sua importância, está em sua capacidade de acomodar a apresentação desses cartazes e as pessoas que os apresentam. Mãos curtas demais para se meter em coisas do espaço global são longas o bastante (ou pelo menos o parecem) para abraçar com força a localidade, ao mesmo tempo que afastam (espera-se) os intrusos e os falsos pretendentes.

Um dia após o anúncio de Hillary Clinton, o *New York Times* nos informa sobre uma ampla reformulação da política externa americana: "O governo Obama parecia determinado, na última quarta-feira, a estabelecer a máxima distância possível entre o sr. Obama e o sr. Mubarak, antes considerado inabalável defensor dos americanos numa região tumultuada." Bem, é difícil que essa potência global tivesse feito tal reviravolta acrobática se a localidade distante não decidisse lançar mão de sua relevância recém-descoberta. Como sugere Shawki al-Qadi, parlamentar iemenita de oposição, não são as pessoas que estão com medo de seus governos, os quais se submeteram às "forças globais" em troca de se omitir das obrigações perante seus povos. Como diz ele: "É o oposto. Agora, o governo e suas forças de segurança estão com medo do povo. A nova geração, a geração da internet, é destemida. Eles querem seus plenos direitos e querem uma vida – uma vida dignificada." O conhecimento de que os governos, da forma como encolheram graças à ação das "forças globais", não constituem uma proteção contra a instabilidade, e sim sua principal causa, tem sido imposto às mentes dos autoproclamados "líderes mundiais" pela exibição espetacular, em ação, da lógica ilógica que caracteriza a glocalização.

"Glocalização" é o nome dado a uma dupla conjugal que foi obrigada, apesar de todo som e fúria muito bem-conhecidos da maioria dos casais ligados pelo matrimônio, a negociar um *modus covivendi* sustentável, já que a separação não é opção realista nem desejável, muito menos o divórcio. Glocalização é o nome de uma relação de amor e ódio, misturando atração e repulsa: o amor que anseia por proximidade misturado ao ódio que aspira a distância. Tal relação talvez tivesse desmoronado sob o peso de sua própria incongruência, não fosse uma dupla de inevitabilidades que teve o efeito de uma pinça: isolado das rotas de suprimentos de âmbito global, o lugar não teria a energia da qual hoje se constroem as identidades autônomas e os dispositivos que as mantêm vivas; e, sem pistas de pouso localmente improvisadas e servidas, as forças globais não teriam onde aterrissar, fazer a troca de pessoal, reabastecer-se de estoque e combustível. Trata-se de inevitabilidades destinadas a conviver. Para o bem ou para o mal. Até que a morte as separe.

· Notas ·

4. Da oclusão mental à "revolução permanente" *(p.18-25)*

1. John Kotter, *The New Rules*, Nova York, Dutton, 1995, p.159, grifos nossos.
2. Riccardo Petrella, "Une machine infernale", *Le Monde Diplomatique*, jun 1997, p.17.
3. Alberto Melucci, *The Playing Self: Person and Meaning in the Planetary Society*, Cambridge, Cambridge University Press, 1996, p.34s.

6. Em busca de uma genuína "revolução cultural" *(p.29-31)*

1. Mauro Magatti, *Libertà immaginaria: le illusioni del tecno-capitalismo tecno-nichilista*, Milão, Einaudi, 2009, p.102.
2. Ibid., p.109.

7. A depravação é a estratégia mais inteligente para a privação *(p.32-8)*

1. M. Panarari, *L'egemonia sottoculturale: l'Italia da Gramsci al gossip*, Milão, Einaudi, 2010.
2. De Mauro e D. Ianes (orgs.), *Giorni di scuola: pagine di diario di chi ci crede ancora*, Trento, Erickson, 2012.
3. "Let us now praise famous men of little showing./ For their work continueth/ and this work continueth/ broad and deep continueth,/ greater than their knowing.", do poema "A school song", de Rudyard Kipling.

**9. O jovem como lata de lixo
da indústria de consumo** *(p.51-6)*

1. M. Benasayag e G. Schmidt, *Les passions tristes: souffrance psychique et crise sociale*, Paris, La Decouverte, 2003.
2. T.W. Adorno, *Minima Moralia: Reflections from Damaged Life*, Londres, New Left Books, 1974.
3. Disponível em: http://bad.eserver.org/issues/2011/Giroux-Youth.html; acesso em out 2011.
4. Disponível em: http://salabdin.com/w/?p=103; acesso em out 2011.

**11. Os desempregados sempre podem jogar
na loteria, não podem?** *(p.61-8)*

1. Disponível em: http://wyborcza.pl/1,75478,9282979,Wyksztalcona_klasa_robotnicza.html#ixzz1H2jStWf4; acesso em out 2011.
2. *Le Monde*, 28 ago 2011.
3. "Bilan scolaire globalemen négatif", *Le Monde*, 6 set 2011.

13. A indignação e os grupamentos políticos ao estilo enxame *(p.75-9)*

1. Albert Bandura, *Self-Efficacy: The Exercise of Control*, Nova York, W.H. Freeman, 1997, p.477.

14. Consumidores excluídos e intermináveis campos minados *(p.80-91)*

1. François Flahaut, *Où est passé le bien commun?*, Paris, Mille et Une Nuits, 2011.
2. Tim Jackson, *Prosperity Without Growth: Economics for a Finite Planet*, Londres, Taylor & Francis, 2009.
3. Ver Amartya Sen, "Justice in the global world", *Indigo*, verão de 2011.

15. Richard Sennett sobre diferença *(p.92-101)*

1. Michela Marzano, *Le fascisme: un encombrant retour?*, Paris, Larousse, 2008, p.174-6.
2. Entre os mais recentes resumos da situação imediatamente anterior à explosão dos distúrbios no mundo árabe, ver Alain Morice e Claire Rodier, *Le Monde Diplomatique*, jun 2010.
3. André Grjebine, "S'Ouvrir à l'autre: oui. À son idéologie: non", *Le Monde*, 26 fev 2011.
4. Richard Sennett, "Humanism", *Hedgehog Review*, verão de 2011, p.21-30.

16. Do "capitalista" de Lacan ao "consumista" de Bauman (p.102-9)

1. Zygmunt Bauman, *44 Letters from the Liquid Modern World*, Cambridge, Polity, 2010, p.23 [trad. bras., *44 cartas do mundo líquido moderno*, Rio de Janeiro, Zahar, 2011, p.32-3].
2. Ibid., p.22 [ed. bras., p.31].
3. Massimo Recalcati, *Elogio del fallimento*, Gardolo, Erickson, 2011, p.28-9.

17. Zizek e Morin sobre o monoteísmo (p.110-3)

1. Edgar Morin, *Ma gauche*, Paris, Bourin, 2010, p.130.

18. A *petite madeleine* de Proust e o consumismo (p.114-6)

1. Claudio Risé, *Guarda, tocca, vivi*, Milão, Sperling & Kupfer, 2011.

19. Sobre combustíveis, faíscas e fogueiras (p.117-21)

1. Thomas L. Friedman, "A theory of everything (sort of)", *New York Times*, 13 ago 2011.
2. *Sky News*, 12 ago 2011.
3. Thomas L. Friedman, op.cit.

20. Sobre a maturidade da glocalização (p.122-8)

1. Marco Belpoliti, *Senza vergogna*, Parma, Guanda, 2010, p.22.

CONHEÇA OUTROS TÍTULOS DE ZYGMUNT BAUMAN

Modernidade líquida

Segundo Bauman, o mundo em que vivemos, repleto de sinais confusos, propenso a mudar com rapidez e de forma imprevisível, representa uma modernidade "líquida", "leve", "fluida" e infinitamente mais dinâmica que a modernidade "sólida" que suplantou. A passagem de uma a outra acarretou profundas mudanças em todos os aspectos da vida humana. O sociólogo esclarece como se deu essa transição e nos auxilia a repensar os conceitos e esquemas cognitivos usados para descrever a experiência individual humana e sua história conjunta.

Amor Líquido
Sobre a fragilidade dos laços humanos

A modernidade líquida em que vivemos traz consigo uma misteriosa fragilidade dos laços humanos – um amor líquido. A insegurança inspirada por essa condição estimula desejos conflitantes de estreitar esses laços e ao mesmo tempo mantê-los frouxos.

Bauman radiografa esse amor, tanto nos relacionamentos pessoais e familiares quanto no convívio social com estranhos. Com a percepção fina e apurada de sempre, busca esclarecer, registrar e apreender de que forma o homem sem vínculos – figura central dos tempos modernos – se conecta.

É o título mais vendido do autor pela Zahar.

Globalização: as consequências humanas

Sem intencionar oferecer todas as respostas sobre o tema, o sociólogo polonês mostra nesta detalhada história da globalização as raízes e as consequências deste processo, tentando dispersar um pouco da névoa e da banalização que cercam o termo "globalização". Abordando desde a maneira como a economia global cria uma classe de proprietários ausentes, Bauman disseca a globalização em todas as suas manifestações: seus efeitos sobre a economia, a política, as estruturas sociais, e até sobre nossas percepções de tempo e espaço. Numa análise instigante, o autor sustenta que a globalização tanto divide quanto une, abrindo um fosso cada vez maior entre os que têm e os que não têm.

Vida para consumo
A transformação das pessoas em mercadoria

Nesse livro, Bauman revela a verdade oculta, um dos segredos mais dissimulados da sociedade contemporânea: a sutil e gradativa transformação dos consumidores em mercadorias. As pessoas precisam se submeter a constantes remodelamentos para que, ao contrário de roupas e produtos que rapidamente saem de moda, não fiquem obsoletas. O autor examina ainda o impacto da conduta consumista em diversos aspectos da vida social: política, democracia, comunidades, parcerias, construção de identidade, produção e uso de conhecimento. E dá especial atenção ao mundo virtual: redes de relacionamento não refletem a ideia do homem como produto?

Medo líquido

O ser humano vive hoje em meio a uma ansiedade constante. Temos medo de perder o emprego, medo da violência urbana, do terrorismo, medo de ficar sem o amor do parceiro, da exclusão. O resultado? Temos que nos atualizar sempre e acumular conhecimentos, circulamos dentro de shopping centers, dirigimos carros blindados, vivemos em condomínios fechados. O medo é uma das marcas do nosso tempo.

O autor mapeia as origens comuns das ansiedades na modernidade líquida e examina mecanismos que possam deter a influência do medo sobre as nossas vidas. Em mais um estudo singular sobre a vida contemporânea, Bauman revela um inventário dos medos atuais.

Conecte-se à Zahar e conheça todos os títulos de Zygmunt Bauman, em versão digital e impressa.

 zahar.com.br    @editorazahar    /editorazahar

 /editorazahar    /editorazahar

1ª EDIÇÃO [2013] 6 reimpressões

ESTA OBRA FOI COMPOSTA POR MARI TABOADA EM
AVENIR E MINION E IMPRESSA EM OFSETE PELA
GRÁFICA PAYM SOBRE PAPEL ALTA ALVURA DA SUZANO S.A.
PARA A EDITORA SCHWARCZ EM OUTUBRO DE 2020

A marca FSC® é a garantia de que a madeira utilizada na fabricação do papel deste livro provém de florestas que foram gerenciadas de maneira ambientalmente correta, socialmente justa e economicamente viável, além de outras fontes de origem controlada.